O caminho das estrelas

O caminho das estrelas

Copyright by © Petit Editora e Distribuidora Ltda., 2016
4-3-24-3-000-30.000

Coordenador editorial: **Ronaldo A. Sperdutti**
Capa: **Júlia Machado**
Imagens da capa: **Amanda Carden | Shutterstock**
Projeto gráfico e editoração: **Ricardo Brito | Estúdio Design do Livro**
Preparação: **Isabel Ferrazoli**
Revisão: **Danielle Sales**
Impressão: **Bartira Gráfica**

**Ficha catalográfica elaborada por
Lucilene Bernardes Longo – CRB-8/2082**

Antônio Carlos (Espírito).
    O caminho das estrelas / pelo Espírito Antônio Carlos ; psicografado pela médium Vera Lúcia Marinzeck de Carvalho. – São Paulo : Petit, 2016.
256 p.

ISBN 978-85-7253-306-5

1. Espiritismo   2. Psicografia   3. Romance espírita   I. Carvalho, Vera Lúcia Marinzeck de.   II. Título.

CDD: 133.93

Direitos autorais reservados.
É proibida a reprodução total ou parcial, de qualquer forma ou por qualquer meio, salvo com autorização da Editora.
(Lei nº 9.610, de 19 de fevereiro de 1998)
Traduções somente com autorização por escrito da Editora.

Prezado(a) leitor(a),

Caso encontre neste livro alguma parte que acredita que vai interessar ou mesmo ajudar outras pessoas e decida distribuí-la por meio da internet ou outro meio, nunca deixe de mencionar a fonte, pois assim estará preservando os direitos do autor e, consequentemente, contribuindo para uma ótima divulgação do livro.

O caminho das estrelas

Romance de
ANTÔNIO CARLOS

Psicografia de
VERA LÚCIA MARINZECK DE CARVALHO

Av. Porto Ferreira, 1031 – Parque Iracema
CEP 15809-020 – Catanduva-SP
17 3531.4444 – 17 99777.7413

www.petit.com.br | petit@petit.com.br
www.boanova.net | boanova@boanova.net

Para minha neta
Rafaela
com todo o meu amor e carinho.

Vera
Verão de 2016

Sumário

1. Surpresa, 9
2. Dificuldades, 25
3. A ajuda, 39
4. Tranquilizando, 59
5. A escola, 73
6. Conhecendo o plano espiritual, 91
7. As aulas de Márcia, 109
8. Outros relatos, 125
9. Concluído o curso, 145
10. Departamento da Reencarnação, 159
11. Recordações, 175
12. Compreendendo os fatos, 191
13. A visita, 205
14. Reencarnação, 219
15. O caminho das estrelas, 241

1º capítulo

Surpresa

Lenita acordou, abriu os olhos devagarzinho, viu somente o teto e respirou, puxando o ar. Sorriu ao respirar com facilidade. Mexendo somente os olhos, percebeu que não tinha nenhum aparelho perto dela. Sentiu vontade de se mexer, mas, como por dias não conseguia, ficou imóvel.

"*Não estou sentindo dores nem cansaço. Melhorei, graças a Deus!*", pensou.

Olhou devagar para seu corpo coberto por um lençol branco, não viu seu braço, mas também não viu nada mais que o lençol.

"*A temperatura está agradável, não sinto frio. Isto é bom. Não gosto de me sentir gelada. Minha boca não está seca. Estou com sono, não aquele sono estranho, mas um sono gostoso.*"

Dormiu.

Novamente acordou e estava virada do lado esquerdo.

"*Como me virei? Com certeza me viraram*", pensou.

Olhou a parede, que era pintada de amarelo e não tinha nenhum adorno; do lado da cama, havia uma mesinha de cabeceira com uma jarra com água, um copo e um livrinho.

Ficou imóvel, sentindo que não conseguiria virar ou se mexer.

"*Estou estranhando! Não sinto dor. Mesmo quando tomava as injeções para as dores, acordava com aquele horrível mal-estar.*

Acordei e me sinto bem, respiro com facilidade", puxou o ar com força e se assustou. *"Meu Deus! Escutei o barulho da minha respiração. Pareço sadia. Mas como?"*

Tentou, devagar, mexer a mão. Conseguiu. Movimentou os dedos, mexeu um pé, depois o outro e, num impulso, virou o corpo, ficando de costas.

"De fato, não estou ligada a nenhum aparelho, nem soro ou sangue estou tomando. Penso que posso bater com a mão no meu peito."

Com facilidade, colocou a mão esquerda no seu rosto. Assustou-se.

A porta do quarto se abriu e entrou uma moça, que sorriu para Lenita.

— Oi! Boa tarde! E aí, Lenita, como está?

A garota não respondeu. Não conseguia falar com os aparelhos na boca e na garganta.

— *O gato comeu sua língua?* — perguntou a moça.

— *Me chamo...*

— Lenita — completou a enfermeira.

— *Chamo...* — repetiu a mocinha — *chamo...*

A vontade da garota era de ficar repetindo somente para escutar sua voz. Há muitos dias não falava, não conseguia por causa dos aparelhos; olhou fixamente para a moça, que lhe sorriu e se apresentou:

— *Sou Gabriela. Posso ajudar?*

— *Falo!*

— *Claro, o gato não comeu sua língua. Quer algo?*

— *Não, obrigada!*

Lenita estava confusa. Não se mexeu, estava com medo.

"Talvez, se me mexer, sentirei dores ou mal-estar. É melhor ficar quieta. Estava tão bom virada de lado. Estou com sono."

— *Ajudo-a a se virar!* — exclamou Gabriela.

A moça colocou as mãos nas costas da garota e a virou. Lenita suspirou, se deliciando com o bem-estar que sentia; fechou os olhos e adormeceu.

Acordou disposta, virada do lado esquerdo, e olhou novamente, observando: lá estavam a mesa de cabeceira com os mesmos objetos e a parede pintada de amarelo-claro. Virou os olhos e viu o teto. Calculou que a claridade deveria vir da frente.

"Talvez uma janela", pensou.

Esticou as pernas e o fez com facilidade.

"Estou mexendo as pernas... Que gostoso!"

— *Acordou? Vire de costas que vou levantar a cama.*

Era novamente Gabriela, que, colocando as mãos em suas costas, a virou, ajeitou sua cabeça no travesseiro e, em seguida, levantou a cabeceira do leito, deixando-a quase sentada. Lenita tentou avisá-la de que não conseguia ficar naquela posição, mas somente conseguiu dizer:

— *Não pode...*

Gabriela olhou e sorriu. Lenita gostou dela, achou-a bonita, simpática e retribuiu o sorriso. Sentada, teve a visão completa do quarto e o observou. Era, como pensava, um aposento grande, tinha mais dois leitos, e eles estavam ocupados por garotas: a que estava ao seu lado, sorria; na outra cama, estava uma jovem que a observava e, quando a olhou, acenou com a mão e lhe sorriu. Lenita também sorriu, olhou para frente e viu, bem no meio da parede, uma janela aberta: a claridade e o aroma de terra e flores entravam por ela.

"Uma janela! O que terá do outro lado? Se pudesse, iria até ela. Gosto de janelas!"

— *Bom dia! Alô, garotas!*

Lenita virou o rosto rápido para a porta e viu o dono daquela voz possante, mas ao mesmo tempo agradável: era um senhor que, pela vestimenta, devia ser um médico. Sorriu para elas e se dirigiu ao leito da garota que estava acordada. Falando em tom alto, sorriu para a mocinha e perguntou:

— E aí, Marcela, dormiu bem?

— *Dormi* — respondeu a garota. — *Acordei disposta. Gabriela me convidou para ir ao jardim. Posso ir?*

— Deve. Mude de roupa. Nada de passear de pijama. Deixe-me vê-la de perto. Uau! Está linda!

— *Melhorei* — respondeu Marcela —, *mas ainda...*

— Nada falta — interrompeu o médico —; *para uma garota bonita, nada falta. Vá passear e converse bastante. Não quero vê-la muito nessa cama! Leito é para dormir!*

Gabriela estava ao lado e Lenita a viu ajudar Marcela a levantar e ir para trás de um biombo; entendeu que a garota trocava de roupa. O médico aproximou-se da cama do meio cuidadosamente, colocou a mão na testa da mocinha adormecida, ajeitou-a. Sorriu e se aproximou de Lenita; sentou-se na cama.

— *Chegue para lá!* — empurrou-a. — *Sou Miguel! Bom dia!*

Estendeu a mão direita para cumprimentá-la.

Lenita levantou vagarosamente a mão esquerda. Esforçou-se, temeu não conseguir.

— *A mão direita, por favor!* — ordenou Miguel. — *A outra mão!*

Esperou com a mão estendida em frente a Lenita.

"*Será que ele não sabe*", pensou ela, "*que não tenho a mão direita nem o braço? Que médico é este? Será um Doutor da Alegria?*"

— *Doutor da Alegria! Genial! Por que não pensei nisso antes? Com certeza serei ainda um palhaço!*

Puxou o lençol, descobrindo-a até a cintura, pegou a mão dela, que estava inerte ao lado do corpo, trouxe-a à frente e a apertou devagar.

— *Bom dia!* — repetiu ele com o vozeirão. — *Estou muito bem, obrigado. Como vai você?*

Nisso, Marcela e Gabriela passaram em frente ao leito dela e lhe acenaram com as mãos, dando-lhe tchau. Lenita estava assustada. Olhou seu braço, sua mão, sentiu-a sendo apertada pelo médico e apertou também.

— *Ai! Ai!* — exclamou Miguel sorrindo. — *Vai quebrar meus dedos!*

Lenita não largou a mão de Miguel. Olhava surpresa, ora para a mão, ora para o médico.

— *O que está acontecendo?* — perguntou ela.

— *Estamos nos cumprimentando e você aperta meus dedos!* — Miguel respondeu sorrindo. — *Brincadeira! Pode apertar minha mão. Aguento! O fato, garota, é que você melhora e logo estará muito bem. Deseja alguma coisa?*

— *Por que tenho mão?* — indagou Lenita, olhando admirada para sua mão direita.

— *Porque é sua. Serve esta resposta? Não! Está bem, vou responder. Você veio para cá, estamos cuidando de você. Estava doente lá; aqui, logo estará sadia.*

— *"Lá", "aqui"... Não quer explicar melhor?*

O médico olhou para a mão dela, que ainda apertava a dele.

— *Muitas vezes, podemos ficar sem um membro, ou doentes, mas isto é lá; aqui podemos ficar sadios e ter o membro de novo. Compliquei?*

Lenita balançou a cabeça e o olhou fixamente. Miguel sorriu.

— *É que lá temos um corpo, aqui outro. Puxa! É sempre Gabriela quem fala, ela tem mais jeito. Lá é lá...*

— *Aqui é aqui!* — interrompeu Lenita. — *Fale logo!*

— *Assim, de repente?*

— É melhor! Durmo confortável, acordo sem aparelhos e me sentindo bem, sem dores e mal-estar. E agora vejo que tenho a mão de novo! Qual é?! Algo aconteceu! Diga!

— Está bem, falo, mas não fique brava comigo.

Lenita sorriu porque Miguel fez cara de medo e agora era ele quem segurava a mão dela com força.

— Você partiu. Mudou. Viajou. Veio para cá.

— O senhor é sempre confuso assim? — perguntou Lenita.

— Se você prometer não contar a ninguém, confesso, às vezes sou confuso.

— "Partir", "viajar", "mudar"... Por acaso morri?

— É isso aí, garota! Que inteligente você é! Sua resposta está parcialmente correta. Você desencarnou, ou seja, seu corpo de ossos e carne, no qual faltava o braço direito, sofreu uma falência dos órgãos, não resistiu e parou de funcionar. Aí veio para cá.

Miguel sorriu.

— Pelo menos não é mágica ou ilusão — Lenita riu.

A alegria do médico a contagiava.

— Não se preocupe com nada. Irá melhorar a cada dia. Sente-se — Miguel passou a mão nas sobrancelhas dela. — Tem cílios e sobrancelhas e, se quiser, logo seus cabelos estarão na cintura.

— Estou surpresa! Isto é bom demais!

Lenita, que ainda segurava a mão do médico com uma de suas mãos, passou a outra no rosto, sentindo suas sobrancelhas.

— Legal, hein? Aconselho-a a engordar um pouco.

Ele assobiou, Lenita riu. Olhou novamente para seu braço direito. Estava perfeito. Vestia um pijama azul-clarinho de mangas curtas.

— Nenhuma cicatriz! Minhas unhas!

Ainda segurando a mão de Miguel, ela movimentou os dedos e riu alto.

— *Que mãozinha bonitinha!* — Miguel elogiou. — *Que dedinhos perfeitos! Mas que força! Quase que me quebra a mão!*

Lenita ia se desculpar, mas Miguel colocou a mão dela no rosto.

— *Sinta, menina, o seu rosto. Está corada. Sinta sua respiração!*

Ela obedeceu.

— *Tudo isto porque estou morta?*

— *Não, é porque está viva! Vivendo em espírito em outro plano, no espiritual e entre amigos. Vamos dormir mais um pouquinho? Vou abaixar sua cama e você se vira. Aconchegue-se você mesma e tenha bons sonhos. Volto para conversar mais tarde e ai de você se me apertar a mão! Vou gritar por socorro!*

Miguel ergueu o lençol; ela, sorrindo, fechou os olhos e novamente adormeceu.

Acordou virada do lado direito.

"*Faz anos, desde que fiz a primeira cirurgia, que não dormia mais deste lado. Que gostoso!*"

Viu Marcela sentada na poltrona lendo, a garota do leito ao lado dormia. A janela ainda estava aberta.

"*Está escurecendo*", pensou Lenita.

Gabriela entrou no quarto, conversou com Marcela e lhe deu uma bandeja. A mocinha levantou-se da poltrona, sentou-se em frente a uma mesinha, onde colocou a bandeja, e se serviu. A enfermeira aproximou-se de Lenita.

— *Bom dia!*

— "*Bom dia*"? *Pensei que estava escurecendo.*

— *Você* — informou Gabriela — *está acordando depois de uma tarde e uma noite bem dormidas. Vou levantar sua cama para que tome o desjejum.*

— *Não consigo comer.*

— *Não conseguia. Deixe-me ver... Ei, você tem dentes! Pode se alimentar.*

Levantou a cama e colocou a bandeja no seu colo.

"Se estou falando, respirando normalmente, com certeza conseguirei me alimentar. Vou tentar", pensou Lenita.

Ia pegar uma pera com a mão esquerda, mas Gabriela a impediu e ordenou:

— *A mão direita, por favor!*

Lenita levantou a mão direita devagar, olhou-a, mexeu os dedos, a levou aos lábios e a beijou.

— *Sou grata por tê-la novamente!*

Gabriela sorriu. Lenita olhou a bandeja: tinha pera, maçã, um copo de suco, dois pãezinhos e uma tigela.

— É uma sopa — informou Gabriela. — *Coma o que quiser.*

— *O que é ali? Essa porta deve dar no corredor, você entra e sai por ela... E aquela?*

— É um banheiro.

— *Posso tomar banho?! Posso?!* — Lenita perguntou, se entusiasmando.

— *Sim, temos chuveiro de água quentinha.*

— *Meu Deus! Posso mesmo tomar banho?!* Não me banho há muito tempo, ultimamente uma enfermeira ou a mamãe me higienizava. Mamãe! Como ela ficará contente se souber que poderei me banhar debaixo de um chuveiro. Mamãe!

— *Alimente-se!* — interrompeu Gabriela. — *Coma que está gostoso. Depois tomará um banho e poderá demorar o tempo que quiser. Experimente este pão* — colocou-o na boca de Lenita —, *é o meu preferido.*

A garota deu uma mordida.

"Não é que consigo comer?! De fato, está gostoso!", concluiu.

Receou tomar o suco, mas o fez com facilidade. Maravilhada, foi colocando na boca ora o pão, ora as frutas, ficando com a boca cheia.

Gabriela foi acomodar a garota que estava dormindo.

Lenita comeu quase tudo.

— *Posso deixar um restinho?* — perguntou a Gabriela. — *Não tenho costume de fazer isto, pego somente os alimentos que sei que irei comer, mas me entusiasmei.*

— *Compreendo, pode deixar. Vá tomar banho. Levante-se!*

Cuidadosamente, Lenita colocou os pés fora da cama. Gabriela a olhava.

— *Será que consigo?*

— *Claro, meu bem. Sente-se na beirada da cama. Isto! Agora fique em pé e ande.*

— *Simples assim?* — perguntou Lenita.

Vendo-a indecisa, Gabriela puxou-a e ela levantou.

— *Que maravilha! Estou de pé e nem fiquei tonta.*

— *Ande! Vamos! Ande!*

Lenita andou; primeiro devagar, depois mais depressa, ia e voltava. Marcela sorriu:

— *Você fará tudo o que fazia antes de ficar enferma. Ontem eu corri no jardim.*

— *Agora vá tomar banho.*

Gabriela abriu a porta do banheiro.

Lenita o achou lindo.

— *Aqui está outro pijama; depois do banho, vista-o. Penso que no banheiro tem tudo de que necessita. Estarei no quarto; se precisar, me chame.*

— *Você toma banho?* — perguntou Lenita.

— *Não, aprendi a ficar sempre limpa. Você aprenderá. Temos banheiros para os recém-chegados que ainda sentem prazer em se banhar.*

Lenita tinha perguntado somente por perguntar. Nem prestou atenção na resposta, pensava em como seria bom se banhar.

Deliciou-se debaixo do chuveiro, esfregou-se com o sabonete.

"Não vou ficar mais com cheiro de pessoa doente."

Por vezes, lavou o braço direito. Ao olhar para ele, tinha vontade de beijá-lo.

— Braço, eu te amo! — exclamou contente.

O banho foi demorado. Enxugou-se e colocou o outro pijama.

— Como estou cheirosa! — exclamou.

Olhou-se no espelho. Estava rosada, olhos brilhantes, com sobrancelhas, cílios, e os cabelos nascendo. Suspirou. Gostou de ouvir seu suspiro. Foi para o quarto.

— Uau! — exclamou Gabriela. — Como está bonita!

— Olha o meu braço!

— Legal! — exclamou Marcela. — Você está bem. Também estava careca e o doutor Miguel fez meus cabelos crescerem. Você teve câncer?

— Sim. E você?

— Também — respondeu Marcela. — Leucemia. Logo vou sair do quarto. Irei morar na escola. Estou gostando daqui. E você?

— Parece ser bom.

— Já sei: é bom, mas está longe da família.

— O que você está lendo? — perguntou Lenita.

Marcela mostrou. Lenita pegou o livro e leu na capa:

— "Pão Nosso", de Emanuell.[1]

— São mensagens. Muito bom — informou Marcela.

---

1. Nota do autor espiritual (N. A. E.): Temos, no plano espiritual, muitos bons livros. E, muitos destes, são editados no plano físico. Os encarnados podem ler o *Pão Nosso*, de Emanuell, pela psicografia de Francisco Cândido Xavier. Também temos, nas colônias, postos de socorro, livros de autores encarnados que são editados para que os desencarnados possam lê-los.

Lenita devolveu o livro e olhou a janela, esta a atraía; aproximou-se devagar.

— *Fique à vontade* — falou Gabriela. — *Se quiser, pode ver o jardim daqui.*

Lenita observou a janela. Era bonita, de madeira pintada de azul. Gostava de observá-las. Esta abria em duas partes. Depois de ter observado, debruçou-se no beiral.

— *Vou pegar uma cadeira mais alta para você* — disse Gabriela.

Lenita viu um bem cuidado jardim, com árvores, canteiros com flores, bancos e pessoas que passeavam pelas calçadas de pedrinhas. Olhou o céu, era de um azul intenso, o dia estava claro e muito bonito.

— *Aqui está a cadeira. Acomode-se* — sugeriu Gabriela.

Lenita se sentou, acomodou-se para apoiar os braços no beiral.

— *Obrigada!* — agradeceu.

— *Gabriela* — chamou Marcela —, *tudo o que pedimos ou de que precisamos, você nos traz: sai e volta, em seguida, com o objeto. Onde o pega? Não vi nada nos corredores.*

— *Esta ala do hospital é para jovens recém-chegados ao plano espiritual. Nesta parte, estão as garotas; na outra, os rapazes. São muitos os quartos com três a sete leitos. Cuido de cinco quartos. No fundo desta ala, temos um cômodo com vários objetos, e é lá que busco o que precisam.*

— *Pegou uma cadeira para Lenita sentar que ficou na altura certa para ela ver o jardim* — comentou Marcela.

— *Esta é para este fim*[2] — respondeu a trabalhadora —, *para se sentar e observar a paisagem pela janela.*

---

2. N. A. E.: Sem ser regra geral, normalmente é isso o que ocorre. Quando um abrigado pede um livro, o pedido é feito à biblioteca e, em seguida, a atendente o tem em mãos e o leva para o pedinte. Existem, em hospitais no plano

— *Interessante!* — Marcela voltou à sua leitura.

Lenita prestou muita atenção em tudo o que via: nas flores e pessoas.

"*Quem será aquela moça? Os cabelos dela são compridos. Ela está olhando para a árvore. Em que pensa?*"

Lenita costumava fazer isto. Doente, ficava muito em casa ou internada em hospitais. Quando foi diagnosticada com câncer nos ossos, continuou indo à escola; depois, faltava muito, até que parou de ir. Quando se sentia melhor, ia para a sala de sua casa, se acomodava numa cadeira em frente à janela e, por ela, via a rua. Sua distração era ver as pessoas e imaginar o que elas faziam e pensavam. A janela em que gostava de ficar, em seu lar, abria para uma pequena área coberta, depois da qual havia um jardim com dois canteiros com flores, a grade e a rua. Lenita via quem passava pela calçada, mas as pessoas a viam somente se olhassem para a casa e prestassem atenção.

Voltando a atenção para a janela que estava naquele momento à sua frente, colocou os cotovelos no beiral e as mãos no queixo. Observou uma jovem de cabelos louros. Ia imaginar qualquer coisa sobre ela quando viu algo diferente. Estava na mesma posição, numa janela alta, e, por ela, via um pátio. Nesse pátio, não tinha nenhuma planta. Uma carruagem chegou e dela desceu um homem. Um padre. Observou-o, ele era jovem, talvez uns trinta anos, cabelos negros, alto e forte. Como se sentindo observado, ele olhou para cima e sorriu.

A visão sumiu. Lenita não entendeu. Sentiu-se cansada, levantou devagar da cadeira e foi para seu leito.

---

espiritual, cômodos que têm diversos objetos, mas estes são adaptáveis para quem irá usá-los. Com certeza, Gabriela, pela vontade e porque sabe, plasmou a adaptação na cadeira, que ficou ideal para Lenita.

— *Acho que vou dormir!* — falou
— *De novo?* — perguntou Marcela.
"*Tudo é surpreendente!*", pensou. "É uma surpresa atrás da outra."
Dormiu.

2º capítulo

Dificuldades

Lenita acordou inquieta. Não compreendia a aflição que estava sentindo nem por que sentia seus pais, a irmã, os avós e os tios chorarem.

"Coitadinha!", parecia que escutara a mãe. "Primeiro, sem a mão direita; depois, cortaram-lhe o braço até o cotovelo; e, em uma outra cirurgia, extraíram-no até o ombro. Nada disto adiantou!"

"Seus cabelos caíram!", lamentou o pai. "Suas sobrancelhas e cílios também, ficou magrinha!"

"Não conseguia respirar sem aqueles aparelhos!", escutou a vó Fátima.

"Ela estava tão fraquinha!", chorou Amanda, sua irmã.

Lenita sentiu falta de ar. Levou a mão esquerda ao rosto. Seu braço direito sumia. Quis gritar e não conseguiu. Gabriela entrou no quarto e tentou ajudá-la.

— *Chame o médico, estou morrendo!* — falou com muita dificuldade.

— *Boa tarde!*

Lenita escutou Miguel, que calmamente entrara no quarto.

— *Boa tarde!* — escutou Marcela respondendo.

Miguel sentou-se na cama de Lenita e, tranquilo, colocou as mãos abertas a centímetros dela. Ordenou:

— *Olhe para mim! Acalme-se! Pense que sou um pássaro azul! Isso! Respire!*

Lenita foi se acalmando e tentou sorrir ao imaginá-lo um pássaro azul. Miguel pegou a mão direita de Lenita e, ao fazer isto, a mão voltou ao normal.

— *O que aconteceu?* — perguntou Lenita, que ainda estava assustada. — *Pensei que ia morrer!*

— *Pelo que sei, não pode morrer* — falou Miguel, agindo com tranquilidade, como se nada tivesse acontecido.

— *Esqueci! Já morri! Desencarnei! Por que passei tão mal? Quando isso ocorria, era entubada, aplicavam em mim vários medicamentos. Depois, não tiraram mais os aparelhos.*

— *Lenita* — Miguel ficou sério —, *todas as nossas mudanças são naturais, ora vamos para lá, ora voltamos para cá. Por falta de uma compreensão maior, quando alguém querido vem para cá, os que ficam normalmente sofrem bastante. Hoje é vinte e cinco de março.*

— *Dia do meu aniversário? Que confusão é essa de datas? Fiquei tanto tempo assim na UTI? Fiquei em coma?*

— *De que data lembra?* — perguntou Miguel.

— *Do feriado de quinze de novembro. Pela manhã, passei muito mal.*

— *Desencarnou no dia dezessete de novembro.*

— *Onde fiquei esse tempo todo?* — Lenita quis saber.

— *Aqui. Desencarnou e uns trabalhadores bonzinhos, como a Gabriela, pegaram seu espírito e o trouxeram para cá. O seu corpinho magrinho foi enterrado.*

— *Por que dormi tanto?*

— *Para não sentir o que sentiu agora* — explicou Miguel. — *Seus familiares choram muito, lamentam e, para você não senti-los, ficou adormecida.*

— *Por isso que essa garota ao lado está dormindo?*

— Sim, Camila estava doentinha também, desencarnou há seis semanas, e a adormecemos, porque sua mãezinha tem chorado muito.

— Senti minha família no cemitério. Levaram flores.

— E lamentaram, choraram... Infelizmente você sentiu. — Miguel sorriu. — Estou imaginando você como um pássaro cor-de-rosa. Como queria que tivesse um bico!

Lenita riu e apertou a mão dele.

— Ai! Ai! Não aperta, senão grito por socorro!

Riram.

— Tenho de ir — disse Miguel.

— Não vá, temo sentir tudo aquilo de novo.

Miguel levantou, coçou sua cabeça, deu três pulinhos e explicou:

— Penso melhor quando faço isto! Deixe-me ver o que você tem na orelha... Nossa! Tem um buraco!

Lenita sorriu e dormiu.

Miguel adormeceu-a.

"Ninguém deveria sofrer tanto com a separação temporária que ocorre com a desencarnação. Vou deixá-la dormir até amanhã ou até seus familiares se acalmarem. Espero que a família dela não faça mais isso, chorarem assim, desesperarem-se e imaginá-la doente."

Acomodou-a no leito e saiu.

Quando Lenita acordou, a primeira coisa que fez foi olhar para o braço direito.

— Ufa! — exclamou. — Está aqui e sadio!

Levantou sentindo-se bem. A garota ao lado dormia, e Marcela não estava no quarto. Viu uma bandeja na mesinha. Nela, havia suco, pães e frutas. Alimentou-se e depois foi tomar banho.

— Como é bom não sentir o cheiro de hospital nem dos remédios!

Foi para a janela. Respirou profundamente muitas vezes.

Gabriela entrou no quarto. Cumprimentou-a alegre. Depois de perguntar se ela queria alguma coisa, saiu. Logo em seguida, Marcela entrou no aposento; estava contente, entusiasmada, olhou para Lenita e perguntou:

— *Você está bem mesmo?*

— *Agora me sinto bem.*

— *Dormiu por dois dias* — informou a companheira de quarto.

— *Tudo isso?*

— *Miguel me disse que sua família, pelo seu aniversário, ficou muito triste.*

— *Com você também acontece isso?*

— *Não, eu não tenho família. Os funcionários do abrigo sentiram um pouquinho a minha partida, umas coleguinhas até choraram, mas já estavam acostumadas sem mim, ultimamente ficava muito no hospital. Quer que lhe conte tudo?*

— *Quero!*

— *Não sei o porquê, mas minha mãe me levou para o abrigo quando tinha seis anos. Não autorizou que me dessem para adoção, porém nunca mais a vi. Lembro-me pouco dela e de como vivíamos. Tenho a certeza de que éramos somente nós duas. Cresci no abrigo, num orfanato. Fiquei doente por dois anos; nesse período, fui internada muitas vezes no hospital. Tive leucemia e desencarnei. Gabriela me contou que dormi por dois dias para me recuperar e que o estou fazendo rápido. Desencarnei há vinte dias. Logo vou para a escola.*

— *Até que foi bom não ter família!* — Lenita falou em tom de lamento.

— *Preferia tê-la* — respondeu Marcela. — *Penso que nada é perfeito. Mas nem todos que têm família sentem como você. Conheci ontem no jardim um mocinho que tem uma família amorosa, e* eles não fazem isso, não lamentam. Ele contou para mim que todos, pais, irmãos e avós, sentem sua ausência, mas, como eles faziam de tudo para que ele estivesse bem lá, continuaram fazendo com ele aqui. A família lhe manda abraços, deseja que ele esteja sadio e feliz. Não é incrível?

— Com certeza!

— Ontem, quando Gabriela me perguntou se precisava de alguma coisa, respondi que queria saber de meus pais, mais de minha mãe. É por curiosidade. Será que não fui amada?

— Se souber que não foi, perdoará?

— Perdoei mamãe e tentei compreendê-la. Encarnada, imaginava mil coisas e não concluí nada. O que pode ter acontecido?

Gabriela entrou no quarto sorrindo e deu duas folhas de papel para Marcela.

— Aqui está tudo o que obtivemos de sua mãe.

Saiu novamente do quarto. Marcela sentou-se na poltrona e foi ler. Lenita ficou andando pelo quarto, olhou a garota dormindo e notou que ela estava com expressão de choro no rosto. Escutou-a falar baixinho:

— Já vou, mamãe! Papai, não os abandonei! Volto!

— Lenita! — chamou Marcela. — Neste papel está o nome de minha mãe, onde mora etc. A história dela é triste também. Ela foi abandonada num orfanato assim que nasceu. Foi adotada. Não foi, por essa família, considerada filha, mas, sim, uma enjeitada, que ali estava por caridade. A mãe dela, a adotiva, tinha feito uma promessa de adotar uma criança. Este casal tinha cinco filhos. Adolescente, era a empregada da família. Um dos filhos do casal a enganou: julgando-se amada, namoraram, e mamãe ficou grávida. O rapaz apavorou-se, ajudou-a a fugir, levou-a para outra cidade, alugou uma casinha e prometeu se casar com ela. Deu-lhe dinheiro, mamãe teve uma gravidez tranquila. Eu nasci e, por meses, meu pai lhe mandou dinheiro. Depois, despediu-se por carta dizendo que ia se casar, que o esquecesse e que não adiantava contar para seus pais o que acontecera, porque eles não iriam acreditar. O casal julgava-a ingrata por ter fugido. Mamãe tinha dezessete anos. Ela foi trabalhar num bar, onde me levava por um período e, no outro, pagava uma mulher para cuidar de mim. Prostituía-se também. Estava com seis anos quando ela recebeu uma proposta de emprego em outra cidade. Era uma oportunidade de ser honesta. Deixou-me no abrigo com a intenção de voltar para me buscar. O emprego deu certo. Ela conheceu um moço muito religioso que a levou para sua igreja e namoraram. Como ele é muito rígido, ela ficou com medo de contar o que fizera e inventou que fora criada num orfanato e que saíra de lá para esse emprego. Casou, teve dois filhos e nunca teve coragem de confessar seu passado. Lembra-se de mim, reza e me deseja felicidades. Meu pai casou e tem também dois filhos. Este nem se lembra de mim e dá graças por mamãe nunca o ter procurado. Aqui tem uma observação: assim que me recuperar totalmente e estiver estudando, posso pedir para visitá-la.

— Isso é possível? Visitar a família? — admirou-se Lenita.
— Se está escrito aqui, é porque é possível.
— Você deseja ir?
— Não sei. Vou pensar e decidirei quando estiver estudando.
— Você se decepcionou com a notícia? — perguntou Lenita.
— Imaginei tantas coisas! Pensava que algo muito grave tinha acontecido com ela para não ter ido me buscar. Preferia ter sabido que mamãe tinha desencarnado. Mas tudo bem. Que seja feliz!

Gabriela entrou no quarto, e Lenita contou:
— Vi Camila inquieta, aproximei-me e a escutei falar baixinho que não abandonara a família e que voltaria.
— Hoje Camila está realmente inquieta. A família está saudosa.
— Já a escutei também — comentou Marcela. — A coitadinha ficou doente e sentiu muitas dores. Miguel me contou que ela

teve uma doença rara. Os pais julgam que a filha os abandonou e a chamam, pedem para ela voltar. É por isso que ela dorme.

— É isso mesmo! — exclamou Gabriela. — *Indevidamente, os pais dela a chamam, desesperam-se dizendo: "Por que nos abandonou?". Esquecem-se de que quem ama pode se ausentar, mas não abandonar.*

— *Se os pais dela insistirem em chamá-la, Camila poderá ir?* — Marcela quis saber.

— *Isso pode ocorrer* — explicou Gabriela. — *Muitos desencarnados socorridos, ao serem chamados com insistência, saem dos abrigos, sem entender como, e vão para perto de quem chama por sua presença. Mas, felizmente, nem todos atendem a esses rogos. Com jovens é mais difícil isso ocorrer, de eles saírem e atenderem a esses chamados, porque são abrigados em locais próprios. Vocês estão na Colônia Aprendiz do Amor, no hospital, na ala de jovens. Também usamos da sonoterapia, os adormecemos quando sentimos a família encarnada se desesperar. Camila acordará no período da noite em que eles estão dormindo.*

— *Eu não quero voltar!* — determinou Lenita.

— *Isso mesmo! Não queira voltar!* — incentivou Gabriela.

— *Com esse corpo* — falou Marcela — *que está vestindo agora, que se chama "perispírito", os encarnados não nos veem, são raras as pessoas que conseguem. Aprendi isso lendo e perguntei a Miguel o que não entendi. Se você atende ao chamado e volta para casa, eles não a verão, e você se perturba porque não tem quem a sustente. Para voltar e não se perturbar, necessita-se aprender.*

— *Isso é verdade?* — perguntou Lenita a Gabriela.

— *É, acontece isto. Se você voltar para sua casa, eles não a verão e, talvez, se virem, sentirão medo, porque pensarão que estão vendo assombração. O desencarnado que volta ao plano físico sem orientação e permissão se perturba, e muitos passam a achar que* estão ainda encarnados. Quando isto ocorre, todos os envolvidos, desencarnados e encarnados, sofrem.

— Tomara que ninguém de minha família me chame, porque eu não vou! — determinou Lenita.

Gabriela saiu, Lenita pediu emprestado o livro que Marcela disse ter acabado de ler e se sentou. Ia ler quando começou a se sentir mal.

— Ai, meu Deus! Não me sinto bem! Escuto mamãe chorando. Ela está arrumando minhas roupas. Lamenta-se. Sou jovem para morrer! Por que comigo? Ai! Ai! Meu braço! Quero meu braço! Socorro!

Gabriela entrou no quarto, pegou Lenita no colo e a colocou na cama.

— Tudo bem, querida! Seu braço está aqui! Acalme-se! Fique tranquila!

Lenita adormeceu.

Acordou com o vozeirão de Miguel.

— Bom dia! Como vai sua tia debaixo da pia?

— Comendo melancia! — completou Marcela.

— Marcela, você irá para a escola amanhã.

— O que devo levar? — Marcela quis saber.

— O que tem?

— Não sei. Pijama? Alguma roupa que Gabriela me deu?

— Leve, querida, o que quiser. Terá na escola o que precisar, e lá tem uma enorme biblioteca.

— Vou estudar! Irei aprender a voar, digo "volitar"! — Marcela estava contente.

Miguel aproximou-se de Camila, passou as mãos sobre ela sem encostar, ajeitou sua cabeça.

— Estou dando energias a ela para que fique tranquila — explicou ele.

Lenita observava-o e, quando o médico aproximou-se dela, estendeu a mão direita e rogou:

— Ajude-me, Miguel, por favor!

— Oh, minha querida, a estou ajudando. Esse período passa, como passa tudo.

— O que faço para não senti-los? Por que eles sentem dó de mim?

— É porque eles não sabem que aqui é maravilhoso. Você vai fazer assim: quando senti-los aflitos, tente se distrair, pense que você é um pássaro rosa e está voando, que é um peixe a nadar ou que é uma flor a enfeitar.

— E se não der certo? — Lenita riu.

— Tente orar. Pense em Jesus, no amigo que andava entre as pessoas, que abençoava com as mãos os sofredores, no mestre que ensinava e que nos ama.

— Vou tentar — prometeu Lenita.

— É isso aí! Se não conseguir, peça ajuda a Gabriela.

Jogou um beijo com a mão e saiu do quarto.

— Explique como é voar — pediu Lenita a Marcela.

— Ainda não sei direito como ocorre isso. Já vi pessoas volitando, deslizando vagarosamente no ar pelo jardim. Não batem em nada, uns nem mexem. É incrível! Isto se chama "volitação". Gabriela me explicou que isto ocorre pela vontade. Aprende-se aqui. Vou aprender muitas coisas. Estou maravilhada! Gabriela e Miguel não se alimentam. Isto também se aprende, eles se nutrem de energia da natureza. Eles também não dormem e trabalham bastante. Como Deus é bom nos proporcionando tudo isso! Lenita! Venha ver! Tem duas pessoas volitando no jardim.

Lenita pulou da cama e foi à janela. Admirada com o que viu, abriu a boca. Lá estavam uma mulher e um rapaz volitando. Ela parecia estar ensinando a ele. Os dois iam para frente, para trás, viravam, subiam e desciam. O rapaz sorria contente. Os que estavam no jardim os olhavam surpresos e admirados.

— *Todos os que estão no jardim se recuperam ou estão se adaptando à vida no plano espiritual ou, como eu, se sentindo mais fortes. Penso que eles estão volitando no jardim para incentivar os outros a se esforçar para melhorar e fazer esta proeza. Que vontade que estou de aprender. Esforçarei-me tanto que serei a melhor voadora do pedaço!*

Marcela andou pelo quarto fingindo que volitava. As duas riram.

— *Vou sentir sua falta. Amanhã irá embora!* — lamentou Lenita.

— *Não posso prometer visitá-la. Não sei se isto é possível. Sei somente que irei para a escola e que lá terei um quarto somente meu. Será a primeira vez que isto acontece, ter um espaço que somente eu ocuparei. Terei aulas sobre como viver aqui, no plano espiritual, e ser útil.*

— *Gosto muito de estudar!* — Lenita suspirou. — *Meu sonho era cursar medicina e ser médica pediatra.*

— *Talvez você possa fazer isso. Miguel me contou que estudou aqui. Ele foi cego quando encarnado.*

— *Cego?!*

— *Não enxergava nadinha!* — respondeu Marcela.

— *Por que será que isso acontece? Você e eu morremos jovens, e ele foi cego...*

— *Gosto de ler e, pelo que li aqui, existe mesmo a reencarnação. Nascemos muitas vezes em corpos diferentes. Podemos errar e voltar para aprender a não ser mais imprudentes. Tenho pensado: se fui abandonada e sofri com a doença, é porque houve motivos.*

— *Minha avó Fátima dizia sempre que na sua outra vida queria ser linda* — comentou Lenita.

— Fala-se isso, às vezes, em tom de brincadeira, que na próxima vida se quer ser isso ou até que deve ter sido aquilo em outra vida. Não sabem a profundidade destes dizeres. A reencarnação é verdadeira. Por isso compreendo minha mãe. Gabriela me disse que aprendemos muito com essas mudanças de planos. Sabe o que aprendi nesta? A perdoar, a ser feliz com pouco. Sabe o que desejo ser quando estiver adaptada aqui? Professora de crianças. Aqui e depois lá, no plano físico.

— Queria fazer planos como você! — Lenita suspirou. — Mas não consigo ficar muito acordada. Será que eles vão chorar muito ainda por mim?

— Penso que irão chorar enquanto estiverem encarnados. Mas não se preocupe, isso irá diminuir ou pode ser que não. Conheci uma senhora que ia fazer um trabalho voluntário na Casa do Caminho, o abrigo em que morei. Ela falava muito de seu filho que tinha falecido, agora sei que ele desencarnou. Às vezes falava e enxugava algumas lágrimas. Pensei que a morte dele era recente e me espantei quando esta senhora contou que já fazia dezoito anos.

— Ai, meu Deus! Será que terei de esperar tudo isso para ter sossego?

— Com certeza, não! — Marcela tentou consolá-la. — Você aprenderá a não senti-los assim tão intensamente. A vida continua, e eles terão que se acostumar. Espero!

— Vou me despedir de você. Pode ser que, quando for embora, eu esteja dormindo. Começo a me sentir mal. Agora é Amanda, minha irmã, que, não sei por que, sente remorso. Sinto-a pensar que deveria ter sido mais amorosa comigo, paciente e que às vezes sentia ciúmes da atenção que todos me davam.

Marcela abraçou a amiga e tentou ajudá-la:

— Tente fazer o que Miguel lhe recomendou. Pense em Jesus. Vou chamar Gabriela. É só pensar nela que esta bondosa cuidadora *vem. Penso que está tão ligada a nós que escuta nossos pensamentos. Vou aprender isso também.*

— *Eu também quero aprender!* — desejou Lenita.

A garota esforçou-se para não chorar, mas não conseguiu e chorou alto. Gabriela chegou, acalmou-a, e Lenita novamente dormiu.

Quando acordou, Marcela já tinha ido para a escola. Lenita viu uma folha de papel dobrada na mesinha de cabeceira, era um bilhete que a amiga deixara. Pegou e leu: Marcela se despedia, desejando que ela ficasse bem para se encontrarem na escola.

Lenita resolveu se levantar e olhar pela janela, porém sentiu o pai chorando. Pelos sentimentos que ele lhe enviava, a garota soube que era domingo e que seu genitor estava sozinho em casa e no seu antigo quarto. Em desespero, o pai pensava, e a filha sentia:

"Coitadinha de minha filhinha! Sentia tantas dores! Câncer nos ossos. A dor é terrível! O medicamento não fazia mais tanto efeito... Ela gemia. Que sofrimento! Por que não fui eu a sentir aquelas dores?! Queria ter sofrido no lugar de Lenita."

— *Dor não! Por favor! Não quero sentir dor novamente! Pare! Papai não faça isso! Dor, de novo, não! Acudam-me!*

Miguel entrou no quarto, aproximou-se dela.

— *Por favor, ajude-me! Não quero sentir dores! Por Deus!*

— *Acalme-se, querida! Estou aqui!*

Lenita, mais uma vez, foi adormecida.

3º capítulo

A ajuda

Lenita acordou com o vozeirão de Miguel.

— Bom dia!
— Bom dia!

Lenita então percebeu que Camila também respondera, a olhou, e sorriram uma para a outra.

— *Será que Marcela poderá vir me visitar?* — perguntou Lenita.

— *Poderá, sim* — respondeu Miguel. — *Isso será possível. Como estão minhas princesas?*

— *Acordei bem* — respondeu Camila.

— *Eu também* — afirmou Lenita.

— *As senhoritas fiquem à vontade para tomar banho, alimentar-se e andar pelo quarto.*

Miguel fez algumas gracinhas, e as garotas riram, gargalharam. Depois despediu-se, e as duas ficaram sozinhas.

— *Vou levantar* — falou Camila — *enquanto ainda é cedo e meus pais estão dormindo. Vou tomar banho e me alimentar. Depois, se o pessoal de lá chorar, irei sentir e ficarei mal. Sabe que já senti remorso por ter desencarnado? Senti, sim! Parece que os abandonei. Às vezes penso que mereço sofrer por ser a causa do sofrimento deles. Miguel e Gabriela já me pediram para não pensar assim. Mas eles pensam, e eu penso.*

— É melhor mesmo me levantar, tomar banho e me alimentar — concordou Lenita.

Assim o fizeram. Depois, Lenita foi para a janela. Camila ficou também por minutos olhando o jardim.

— Cansei da janela! Vou ler este livro que Marcela deixou.

Lenita continuou sentada na cadeira mais alta, debruçada no beiral da janela, olhando o jardim.

— Vou dormir que a choradeira já começou — avisou Camila.

— Como? Você dorme sozinha?

— Tenho feito isto. Quando sinto alguém, avós, pais, tias, primos, chorar por mim, deito e rogo para dormir. Tenho conseguido; se não consigo, chamo por Gabriela e ela me adormece. Tchau! Vemo-nos à noite. Meus pais têm tomado remédios para dormir e, quando eles adormecem, eu acordo.

Camila se acomodou e dormiu. Lenita ficou na janela e se pôs a imaginar o que acontecia com as pessoas que via.

"Aquele moço está tranquilo, talvez sua mãe o queira assim. Que mocinha bonita! De que será que ela morreu, ou melhor, desencarnou? Está tão corada! Aquela outra observa as flores. Queria também vê-las de perto. Será que serei para sempre a moça da janela? Será que minha distração será sempre esta? Não quero! Quero viver!"

Gabriela entrou no quarto e a olhou sorrindo.

— Vamos logo à tarde trazer uma garota para ocupar o leito em que Marcela estava. Ela também esteve doente.

— Será que a família dela irá fazer como a minha e a de Camila?

— Penso que não — respondeu Gabriela. — A família dessa garota, Marina, é muito religiosa. Eles sofreram com a doença da filha. O problema é que pensam que ela ficará dormindo.

— Hoje, os de lá, minha família, parecem estar tranquilos. Pelo menos faz doze horas que ninguém chora por mim. Gabriela, quando *estava doente, mamãe encontrou uma mensagem num banco do pátio do hospital, e ela me deu para ler. É tão bonita! Falava de uma gaiola. Era escrita por uma pessoa com nome diferente. Estava lendo a mensagem quando doutor Flávio, um dos médicos que me tratava e de quem gostava, chegou e perguntou o que lia; mostrei a ele, que leu, sorriu e fez um desenho no papel atrás da mensagem. Lembro direitinho o que doutor Flávio desenhou, era uma gaiola redonda com a porta aberta e três pássaros. O primeiro estava voando dentro da gaiola, parecendo não saber o que fazer; o segundo estava deitado no fundo, sem forças para voar; e o terceiro, parecendo feliz, saiu da gaiola e voava. Indaguei, curiosa, sobre os pássaros, e o médico me respondeu que, como a mensagem explicava, ele via assim a morte do corpo: uns se perturbavam e continuavam voando dentro de sua prisão, sem conseguir passar pela porta aberta para voar pelo espaço. Outros, como o pássaro no fundo, sentiam-se tão pesados pelos erros cometidos que nem voar conseguiam. E os prudentes, que viveram no bem e para o bem, acharam fácil a porta e voaram felizes. Queria ler esta mensagem de novo. É possível?*

— Conheço essa mensagem — respondeu Gabriela. — De fato, retrata a desencarnação. É poética. Chama-se "As asas do espírito". Ela nos alerta de que devemos ter atenção e cuidado com nosso espírito. Vou trazê-la para você.

— Você acha que a vida física pode ser comparada a uma prisão? E, como na mensagem, comparar a vida física com uma gaiola, e nós, com pássaros?

— É uma boa comparação.

— A desencarnação me abriu a porta da gaiola e o que fiz? Não sei voar, volitar! Minha mãe dizia que, quando eu morresse, iria ser uma estrelinha. Ria e respondia que estrela é um astro e que não dava para ser uma. Mamãe então se corrigia e afirmava que iria morar numa estrela. Será que posso comparar este lugar com uma *estrela? Não sei o caminho. Como vim parar aqui?* — perguntou Lenita.

— *Quando não sabemos, outros que sabem nos ajudam. Você, minha querida, ao ter o corpo físico morto, teve também o auxílio de socorristas, que desligaram seu espírito da matéria física e a trouxeram para cá. Se quer se comparar com um desses pássaros, você é aquele que encontrou fácil a porta e voou. Essa mensagem* — Gabriela explicou — *foi escrita por Bahá 'u' lláh, o nome dele significa "a glória de Deus". Ele nasceu em 1817, em Teerã, e faleceu em 1892. E, se quiser comparar esta casa de amor com uma estrela, é uma comparação poética e linda. O caminho, aprenderá a encontrar.*

Gabriela se despediu e voltou horas depois com a mensagem numa folha de papel.

— *Aqui está. Tirei uma cópia da que tenho. Esta é sua.*

Lenita agradeceu e leu muitas vezes a mensagem, riscou as frases que mais gostou. "O nosso corpo físico assemelha-se a uma gaiola, e a nossa alma, a uma ave. Chega o dia em que a Mãe Amorosa abre a porta da gaiola e diz para a ave do espírito: 'É chegada a tua hora, voa...'. Conseguirá ela voar? O que fará nesta hora a alma, recém-liberta da gaiola do corpo? No dia em que a gaiola do nosso corpo perecer, estaremos aptos a voar com as asas do espírito? As asas do espírito constituem-se das virtudes que cultivamos".

Dobrou o papel e o guardou na gaveta da mesinha de cabeceira. Pensava no que havia lido quando sentiu a mãe e a irmã chorarem, lamentarem, estavam mexendo nos seus ex-pertences.

— *Ai! Ai!* — gemeu Lenita.

Tentou orar e imaginar coisas bonitas, mas o choro das duas parecia estar dentro dela. Não conseguiu se controlar e chorou também.

— *Coitadinha de mim! Morri tão jovem! Nem tive namorado! Não casei, não tive filhos! Estava tão magrinha! Não respirava! Não respiro! Socorro! Coloquem-me no aparelho!*

Gabriela entrou no quarto e foi direto ao seu leito.

— *Calma! Você pode respirar, sim! Estou aqui protegendo-a! Acalme-se, por favor!*

Lenita agarrou os braços de Gabriela e foi se acalmando.

— *Não quero dormir* — pediu Lenita. — *Quero aprender para não dar escândalo. Ajude-me!*

— *Está bem, você não dormirá. Respire com ritmo. Assim! Pronto! Segure minhas mãos. Pense em Jesus a abençoando.*

Lenita foi fazendo o que Gabriela lhe sugeria e se acalmou, mas ainda segurava com força as mãos dela.

— *Consegue agora ficar sem mim?* — perguntou Gabriela.

— *Penso que sim. Obrigada!*

Ela sentiu que a irmã foi atender a porta e a mãe foi para a cozinha. Pegou um livro para ler. Sentiu, horas depois, a mãe e o pai se lamentando. Orou, pensando em Jesus, para não senti-los.

À noite, Miguel entrou no quarto. Camila acordou.

— *E aí, princesas?! Querem algo de seu súdito?*

— *Eu quero! Pode conversar comigo?* — perguntou Lenita.

Miguel puxou uma cadeira e a colocou no meio das duas camas, cruzou os braços no peito e sorriu.

— *Pode falar, tenho dois ouvidos para escutar. Com o da esquerda, escuto Lenita e, com o da direita, Camila.*

— *Não tem um jeito de não sentir minha família? Queria poder sair do quarto, ir ao jardim e à escola como Marcela. Estou aqui porque tenho me sentido confusa. Basta mamãe, papai ou alguém de minha família chorar se lamentando para me sentir como eles pensam. Por que isto?*

— Ligamo-nos a quem queremos — explicou Miguel. — Você estava muito ligada a eles, ama-os, e eles a amam. Pela sua enfermidade, ficou muito dependente de sua família. Quando desencarnou, e isto infelizmente ocorre muito, os que ficaram lá se lamentam, e você os sente.

— Não gostaria que eles fizessem mais isso! Não quero dormir mais, estamos no começo de maio. Desencarnei em novembro, poderia ter feito muitas coisas, mas entro em crise e me adormecem. Hoje fiquei acordada, mas não foi fácil. Mamãe parece que não tem outro assunto senão falar de mim doente e chorar minha morte. Amo-a, mas ela está exagerando!

— Tente, Lenita, e você também, Camila, quando os sentirem tristes, pensar em coisas boas e alegres — aconselhou Miguel.

— Vou me esforçar — prometeu Lenita.

— Eu, por enquanto, vou continuar dormindo durante o dia — determinou Camila. — Não dou conta de escutar o choro deles. Ontem à noite, fui ao corredor e me encontrei com Sofia, ela está aqui também e tem feito como eu, dorme muito. Mas esta garota está esperançosa porque, no mês de julho, nascerá o filho de sua irmã. Este filho, neto e sobrinho os distrairá, e eles com certeza se esquecerão um pouco dela. Eu nem tenho isto, tenho um irmão que é ainda menino.

— Tenho uma boa notícia para vocês — Miguel entusiasmou-se. — Além de lhes costurar a boca para não falar mais... Brincadeira! Vamos tentar ajudar seus entes queridos. Em casos assim, pelo que estão passando, de a família demorar para se consolar, temos uma trabalhadora aqui neste hospital, todas as colônias as têm, que tenta consolá-los. A nossa trabalhadora se chama Catarina, é uma senhora esperta. Ela virá aqui logo mais conversar com vocês, fará algumas perguntas e depois irá ao plano físico auxiliá-los. Vou agora trocar suas orelhas. Pego a da Lenita — passou a mão na orelha dela — *e troco pela de Camila, e vocês duas ficarão conhecidas como "as meninas das orelhas trocadas".*

Riram. As duas se distraíram com as brincadeiras de Miguel. Lenita somente escutou a mãe rezando para ela e, como sempre, o fazia chorando.

Bateram na porta, Miguel abriu, e entrou uma senhora baixinha com sorriso encantador e olhos muito azuis.

— *Olá, garotas! Sou Catarina. Vim conversar com vocês.*

Miguel se despediu. Catarina sentou na cadeira entre as duas camas.

— *Vou fazer algumas perguntas. O que vocês acham que poderia acontecer com seus pais para que eles desviassem a atenção, isto é, esquecessem um pouquinho de vocês?*

— *Penso que é o meu irmão. Coitado, desde que fiquei doente, ele foi deixado de lado* — respondeu Camila.

— *E você, Lenita?*

— *Não consigo lembrar de nada.*

— *Vamos ver* — insistiu Catarina. — *Eles são religiosos? Gostam de ler? Fazem algum trabalho voluntário?*

— *Não são muito religiosos. Íamos pouco à igreja e, quando fiquei doente, íamos menos ainda. Ninguém faz trabalho voluntário. Ler? Papai gosta mais; minha avó paterna, Fátima, lê muito. Mamãe às vezes lê. Amanda, minha irmã, lê os livros que a escola pede.*

— *Penso que já sei como ajudá-los. Agora, vou ver a garota ao lado, a Marina. Depois vou ao plano físico e tentarei ajudá-los.*

— *Agradeço* — falou Lenita. — *Sinto, agora, papai rezando e, como na maioria das vezes, se lamenta. Diz ele no meio da oração: "Se tivesse levado minha filha a outros médicos, talvez tivesse se curado. Como sinto tê-la colocado de castigo naquela tarde em que mentiu para mim. Se soubesse que iria morrer, não teria ralhado com ela ou a colocado de castigo. Fui mau pai!". Isto não é verdade! Ele foi bom pai! Excelente! Corrigiu-me para ser uma pessoa melhor.*

Sou grata por isto. Se ele continuar se lamentando e pensar em mim doente, começo a me sentir assim. Não quero!

— Não irá se sentir! — afirmou Catarina. — Vamos orar alto. Jesus, meu Mestre Amigo, quero agora imaginá-Lo aqui conosco e segurar em Sua mão. Inunde-nos com Sua luz e amor!

Lenita esforçou-se e imaginou. Serenou.

— Papai deve ter dormido! — exclamou ela.

Catarina foi até o leito de Marina e colocou a mão direita em sua testa por segundos. Depois, aproximou-se da porta.

— Já vou, minhas queridas.

Lenita concluiu que Camila tinha razão: quando todos dormiam lá, não choravam. Era o melhor horário para ficar acordada.

"O jardim não tem ninguém a esta hora. Gostaria de ir lá, mas durante o dia, ver o sol e sentir seu calor."

Lenita sentiu sono e dormiu, desta vez tranquila.

Catarina saiu do quarto das garotas, do hospital, depois da colônia e volitou para a cidade do plano físico onde residiam os familiares das três abrigadas.

A trabalhadora da colônia visitou as três famílias e as ajudou simultaneamente, mas vamos narrar estes auxílios um de cada vez.

Primeiro a família de Marina, a garota que estava dormindo e que estava difícil de acordar. Seus pais acreditavam que, ao morrer, dormiriam até o final do mundo e então acordariam para ser julgados. Pensavam na filha dormindo, sustentavam seu sono. Estavam indo menos aos cultos porque se julgavam infelizes e injustiçados com a desencarnação da filha.

Catarina foi ao templo e lá encontrou dois desencarnados trabalhadores do bem. Um deles era uma senhora, que se apresentou:

— Sou a mãe do pastor. Nós o ajudamos, assim como também tentamos auxiliar os frequentadores deste local de oração.

Catarina explicou o porquê de sua visita e completou:

— O casal em questão é frequentador deste lugar, embora no momento estejam afastados. Peço ajuda para Marina porque ela não consegue acordar. Está abrigada na Colônia Aprendiz do Amor, na ala do hospital para jovens; seu sono é tranquilo, mas necessita despertar para viver no plano espiritual.

— Podemos ajudar! — afirmou a trabalhadora. — Meu filho me atende. Às vezes ele pensa se está certo acreditando que nossa alma, espírito, dorme após o falecimento do corpo. Pensa que as intuições que recebe de mim são de Deus ou do demônio. Sonha comigo, porque nos encontramos quando seu corpo físico adormece, acredita serem recordações. É uma boa pessoa e, mesmo sem entender, me atende. Como podemos auxiliar neste caso?

— Peça para seu filho visitar a família, convidá-los para o culto e, no sermão, falar sobre a morte, que devemos lembrar somente dos bons momentos que tivemos com a pessoa que morreu. Penso que talvez isto baste.

— É fácil, vou fazer isso já — a trabalhadora do local de orações decidiu ajudar.

E o fez. Aproximou-se do filho, concentrou-se e tentou fazê-lo lembrar da família de Marina.

— Telefone para eles! Por favor! Convide-os para ir ao culto! Insista! Eles necessitam de consolo.

Na terceira tentativa, o dirigente do templo telefonou, conversou por dez minutos com o pai de Marina, convidou-os para o culto, disse que sentiram a falta deles e que, depois do culto, gostaria que eles permanecessem no templo para uma conversa particular.

Quando desligou o telefone, ele pegou o Evangelho, abriu no Sermão da Montanha e leu. Catarina e os dois trabalhadores ficaram ouvindo a leitura. Após, Catarina comentou:

— *A intolerância religiosa terminaria se todos nós seguidores do cristianismo fizéssemos deste maravilhoso ensinamento de Jesus seu credo, seu roteiro de vida.*

Os pais de Marina sentiram-se consolados com o carinho do seu mentor religioso e, motivados por Catarina, resolveram ir ao culto.

Naquela tarde de domingo, intuído pela mãe desencarnada, o pastor fez o sermão falando sobre os acontecimentos de nossas vidas. Lembrou de Jó, personagem de um dos livros do Antigo Testamento da Bíblia, de sua fé e paciência. Afirmou que temos de ter fé. Que Deus quer perto dele também os bons filhos, as pessoas boas. Que devemos nos conformar com os acontecimentos tristes, viver alegres e recordar somente as boas coisas que nos acontecem.

Os familiares de Marina ficaram emocionados e, por vezes, enxugaram as lágrimas. Quando o sermão terminou, ficaram no templo, foram abraçados por amigos, receberam convites para não faltar mais aos cultos. Prometeram voltar a frequentá-los.

Todos saíram, e eles ficaram. O pastor, intuído pela mãe, fez o que Catarina pedira.

— Senti muito a ausência de vocês. Sei como é sofrida a morte de um filho. Tenho cinco e posso imaginar. Marina era especial, adoeceu, sou testemunha da dedicação e do carinho de vocês. Foram pais excelentes e ainda são para os outros filhos. O que queremos para os filhos? O melhor! Pensem: será que Marina não está melhor com Deus do que viva no mundo? Se Deus a chamou, é porque a queria perto Dele. Não se revoltem contra o Pai Amoroso! Aceitem Sua vontade! A vida continua! Desfaçam-se dos objetos e roupas dela. Doem para quem precisa. Marina teve pais maravilhosos. Teve? Ou tem? Penso que ainda tem. Serão sempre os pais dela. Façam-na sentir esse carinho.

— Mesmo dormindo, ela sentirá nosso carinho? — perguntou a mãe de Marina.

— Com certeza — respondeu o religioso. — Quando ela acordar, saberá. Vocês devem se recordar dela sorrindo, brincando, sadia, aquela menina que amava vocês e que era amada.

Catarina deu passes em todos os encarnados presentes. Eles se sentiram bem, animaram-se, prometeram não faltar mais aos cultos e seguir os conselhos recebidos. Voltaram para casa se sentindo consolados.

O pastor ficou pensativo.

"Às vezes faço coisas diferentes. Falei bonito, serviu para mim. Foi Deus quem me inspirou. Vou meditar sobre o que falei."

Catarina agradeceu o auxílio dos dois trabalhadores do templo.

— *Penso que resolveremos o problema de Marina!* — exclamou Catarina contente.

— *Se não resolver, volte aqui para podermos tentar ajudar novamente* — afirmou a socorrista do local.

A servidora da colônia foi tentar ajudar Camila. A família dela era muito rica e morava num condomínio de luxo. O pai trabalhava muito e, com a morte da filha, passou a se dedicar ainda mais ao trabalho. Camila tinha um irmão, um garoto de doze anos. A mãe não se conformava. Eles choravam e, às vezes, se desesperavam junto a tios e avós.

Camila adoeceu, fez muitos tratamentos, ficou enferma por quatro anos. Desencarnou perto de completar dezesseis anos.

— De que adiantou ter dinheiro? Minha filhinha não sarou! — queixava-se o pai.

— Demos todo o conforto a ela! — exclamava a mãe.

— Não conseguimos tirar suas dores. Queria ter sofrido no lugar dela — falava a avó.

Catarina conversou com todos eles, avós, tios, irmão, pais, enquanto dormiam. Com todos, falou da necessidade de se conformar, aceitar e desejar a Camila que ficasse bem.

Resolveu muito pouco. Eles não eram religiosos, embora afirmassem ter uma religião.

Catarina percebeu que o irmão de sua protegida, o Júnior, estava com uma gripe forte e o fez piorar. O garoto, à noite, chamou pelos pais. Vendo-o febril, correram com ele para o hospital. O médico que o atendeu, intuído por Catarina, alarmou-os dizendo que o menino teria de ficar internado e que talvez fosse pneumonia ou algo mais grave. Faria exames no outro dia.

O casal se apavorou. Telefonaram para os avós, que foram ao hospital. A avó paterna, que ficava mais impressionada com os sonhos que estava tendo e que eram encontros com Catarina, chamou os encarnados presentes para ir ao corredor e falou:

— Estamos nos lamentando muito! Será que estamos prestando a atenção devida ao Júnior? Primeiro com a doença de Camila. Parecia que, para todos nós, somente ela existia. Quantas noites meu neto ficou sozinho. Ele estava sadio. Por que nos importar com ele? Será que o menino não ficou doente para ter atenção? Juninho não merece passear, se distrair, viajar, ter uma festa de aniversário? Não comemoramos há três anos o aniversário dele! Vamos mudar de atitude? Vamos nos amar! Pensar em Camila bem, sadia e feliz. Vamos cuidar uns dos outros? E se Júnior morrer?

— Meu Deus! — exclamou a mãe de Camila. — Isto não!

— Minha mulher tem razão! — afirmou o avô. — Temos vivido pensando somente em Camila. Primeiro, nela doente e, agora, nela morta. Deixemos os mortos com os mortos e cuidemos de nós. Temos nos esquecido dele, do nosso neto querido.

Concordaram. Entraram no quarto dispostos a mudar de atitude. O pai aproximou-se do filho e o beijou. Mãe e avós também se aproximaram para agradá-lo.

— Nossa! — exclamou o garoto. — Precisei ter um piripaque para lembrá-los de que existo!

Os adultos se olharam.

— Não, meu bebê — falou a mãe. — Amamos você. Levamos um susto. Sabe o que estava pensando em fazer? Uma festa no seu aniversário. Uma grande festa!

— Posso chamar todos os colegas de minha classe? Gostaria de ter meus amigos nesta festa, e não os seus.

— Chamará quem quiser — intrometeu-se a avó. — Vou contratar uma banda. Dançaremos a tarde toda.

— Nas férias, vamos viajar. Iremos à Disney — falou o pai.

— O quê?! À Disney?! Acho que vou chorar!

Júnior bateu palmas de contentamento.

— Preciso descansar, ter férias — disse o genitor do menino. — Podemos, para você ter companhia nos parques, convidar sua prima para ir junto. Poderemos ficar dez dias lá e mais dez em outras cidades.

— Papai — Júnior abaixou a cabeça —, tenho de dizer uma coisa, estou tirando notas baixas na escola. Não sei...

— Voltará a estudar e se recuperará. Vou estudar com você! — determinou o pai.

O garoto alegrou-se e adormeceu com os pais e avós ao seu lado.

— Vamos prometer nunca mais agir como estávamos agindo — determinou a avó. — Dor nenhuma deve nos fazer esquecer as outras pessoas. Mudaremos nosso modo de pensar, deixaremos Camila ser feliz para onde foi e cuidaremos do nosso bem-estar. Faço parte de uma assistência social e vou triplicar minhas atividades. Você, minha nora, deve voltar às suas aulas de dança, pintura, fazer ginástica e a convido a ir comigo pelo menos uma vez por semana às reuniões do trabalho voluntário. Nada como ver problemas alheios e ajudar a resolvê-los para ter os nossos resolvidos.

No outro dia, o menino fez exames, mas não deram nada, ele estava somente gripado. Voltaram para casa e tentariam viver como planejado.

Catarina foi à casa dos pais de Lenita. Abordou-os também, conversou com eles enquanto seus corpos físicos dormiam. Observou-os. Viu que uma vizinha da avó paterna, Fátima, era espírita e pediu a ela para emprestar um livro a amiga. Escolheram o livro *Violetas na janela*.[3] Esta senhora espírita foi à casa da avó de Lenita, Catarina foi junto, e levou o livro.

— Fátima — disse a vizinha —, sei que você gosta de ler e lhe trouxe este livro. É tão lindo! Tem ajudado tantas pessoas! Vocês têm sofrido com a desencarnação de sua neta. Esta leitura é consoladora!

— Obrigada! Vou lê-lo.

Conversaram mais um pouco, a vizinha foi embora, e a avó de Lenita folheou o livro, leu a quarta capa e se interessou.

---

3. N. A. E.: O livro *Violetas na janela* foi escrito por Patrícia e psicografado por sua tia Vera Lúcia Marinzeck de Carvalho, sendo editado pela Petit Editora. Em 2015, tinha dois milhões e duzentos mil exemplares vendidos.

"Parece que sonhei com este livro! Estou me lembrando... Alguém me pediu para lê-lo com atenção e dar para os outros lerem."

Sentou-se numa poltrona e começou a ler. Sentiu ter de parar para fazer o jantar. Quando o marido chegou, contou a ele o assunto abordado no livro e Jaime se interessou.

— Vou lê-lo também!

Fátima, após o jantar, voltou a ler e somente parou quando terminou o livro. Eram cinco horas da manhã. Ficara lendo a noite toda.

— Foi Deus que fez chegar este livro a mim! — exclamou ela. — Estava agindo erroneamente com minha neta. Temos de mudar nossa maneira de agir!

Foi à tarde numa livraria e comprou três exemplares do livro.

"Um é meu; outro, para meu filho; e o terceiro, para Rute, a mãe de minha nora Marilene. Meu filho e nora têm de ler este livro!"

Após o jantar, foi à casa do filho e falou com tanto entusiasmo do livro que fez o filho Lourival prometer que ia lê-lo. Depois, foi à casa de Rute, que morava perto, e deu o livro para ela, falou dele também com entusiasmo. Mas quem se interessou foi Benício, irmão de Marilene.

— Livro espírita! Psicografado! Vou lê-lo. Interessante! A senhora sabe que sou sensitivo, não é? Sinto coisas, vejo pessoas que já morreram, escuto vozes. Vou, de vez em quando, tomar passes. Penso que é hora de saber o que ocorre comigo. Sonhei com uma mulher que me pedia para ajudar minha sobrinha a remorrer, a ter sossego para viver no Além. Devemos nos consolar.

Pegou o livro, o folheou e, assim que Fátima foi embora, começou a ler. Teve vontade de varar a noite lendo, mas tinha de trabalhar no dia seguinte; marcou a página em que parou e foi dormir.

"Lenita", orou Benício, "me perdoe! Não vou chorar mais por você e somente pensarei em você sadia e linda. Amo-a!"

Fátima chegou em casa e Jaime, o marido, estava lendo o livro.

— Impressionante como acredito no que estou lendo! — exclamou ele. — Quero mandar algo para Lenita! Vou amanhã comprar rosas, colocá-las num vaso na sala e mandar a ela com muito carinho. Quero minha neta alegre!

Lourival, o pai de Lenita, herdara da mãe o gosto pela leitura. Depois que a mãe saiu, pegou o livro. Estava desanimado, não tinha ânimo para nada e não estava com vontade de ler, mas, como prometera à mãe, resolveu fazê-lo. Sentou-se em sua poltrona e começou a ler. Interessou-se.

"Será que é assim? Morrer é isso? Acontece desse jeito?"

Com muitas perguntas, foi dormir; levantaria cedo no outro dia.

Amanda, a irmã de Lenita, no outro dia, ao chegar da escola, viu o livro na mesinha ao lado da poltrona do pai; curiosa, o pegou para ler. Passou a tarde lendo.

— Amanda, o que está fazendo? Estudando?

— Estou lendo o livro que vó Fátima deu ao papai. Precisa ler, mamãe, é muito bom. Vou pensar em Lenita com carinho, fazer como a família de Patrícia, a autora, fez com ela.

— Você acredita no que está lendo? — perguntou Marilene.

— Ora, mamãe, céu e inferno são invenções. Deus é maior que tudo, ama-nos e não iria nos mandar para o céu para ficarmos ociosos nem para sofrer no inferno. Não sei o porquê, mas acredito no que estou lendo, parece que sabia disto. É maravilhoso pensar em Lenita num local assim. Estudando! Minha irmã gostava tanto de estudar! Depois, preciso parar de pensar que deveria ter feito mais por ela, penso que meu remorso é bobo, sem razão e está nos fazendo mal, a ela e a mim. Vou continuar lendo. Você também deveria ler.

Lourival, após o jantar, pegou o livro para ler, e Amanda foi à casa da avó Fátima pegar o dela emprestado. O avô continuou lendo o emprestado da vizinha.

A família passou a conversar sobre o livro. Curiosa, Marilene começou a ler. E, conforme ia lendo, foi imaginando Lenita no plano espiritual. Reuniram-se, trocaram ideias sobre a leitura e resolveram se consolar, parar de chorar e pensar em Lenita sadia, vivendo num local lindo. Doaram os pertences dela e desejaram com carinho que ela estivesse como Patrícia. Queriam-na sadia, forte, com cabelos compridos.

Catarina deu por encerrado seu trabalho com essas três famílias; agora, as três garotas poderiam ficar bem para viver no plano espiritual.

Benício, o tio, passou a ir mais ao centro espírita; dois meses depois, a irmã Wanderleia foi e gostou; os pais foram e também gostaram. Amanda, num sábado, acompanhou os tios, encontrou lá duas colegas de escola, se interessou e gostou muito quando passou a frequentar a Mocidade Espírita.

Os pais de Lenita relutaram em ir, mas acabaram indo e receberam consolo. Compraram e leram os outros livros de Patrícia.[4]

---

4. N. A. E.: Patrícia escreveu somente quatro livros. Após ter realizado esta tarefa, de ter contado o que encontrara no plano espiritual, foi fazer outro trabalho e decidiu não escrever mais. Os livros são: *Violetas na janela*, *Vivendo no mundo dos espíritos*, *A casa do escritor* e *O voo da gaivota* (todos editados pela editora Petit, São Paulo, SP).

— O que vamos mandar para Lenita? — perguntou Lourival. — Será que podemos colocar um vaso de violetas na janela da sala? Lenita ficava horas nela olhando o movimento da rua. Ontem, o senhor João, que voltou da casa do filho, me perguntou onde estava a moça que ficava na janela. Ele ficou constrangido quando contei que a moça agora olhava de uma janela do céu. Lenita era a nossa moça da janela.

— Violetas? Lenita não tem nada a ver com violetas — discordou Marilene. — Talvez uma almofada nova.

— O melhor é mandarmos abraços e beijos — decidiu o pai. — Vou tirar esta cadeira de perto da janela.

— A cadeira que nossa filha sentava?

— Sim. Nada de lembrar de nossa menina doente! Ela está sadia! Linda! Feliz! Quero-a assim!

Tirou a cadeira da casa, assim como tudo o que lembrava a doença da filha. Uma foto de Lenita antes de adoecer foi ampliada e colocada num quadro na sala.

Marilene era a única que ainda se lembrava da doença da filha, do sofrimento de vê-la sem a mão, depois sem o braço, do tratamento doloroso, dela sem os cabelos, magrinha e fraca. Como todos a repreendiam, Marilene se esforçava e mandava à filha seu carinho e imaginava-se abraçando-a.

Benício decidiu aprender para fazer o bem com sua mediunidade. A família se tornou espírita.

4º capítulo

Tranquilizando

Enquanto Catarina tentava orientar, ajudar as famílias das meninas, elas iam se tranquilizando.

Lenita acordou e foi à janela. Ficou olhando o jardim. Viu um moço volitando, admirou-o.

— Oi! — chamou-o.

O mocinho, que volitava devagar, sorriu e se aproximou da janela, segurou no beiral.

— *Estou aprendendo, é melhor me segurar* — explicou ele.

— *Pode cair?*

— *Já caí três vezes. Não me machuquei. Nada aconteceu. Rimos bastante. Chamo-me Luidy. E você, como se chama?*

— *Lenita.*

— *Por que não vem ao jardim?* — perguntou Luidy.

— *Nunca sei quando alguém de minha família irá chorar por mim. Normalmente, quando isto ocorre, eu sinto e não consigo me controlar, choro também e fico confusa, estou esperando que eles se conformem para poder fazer muitas coisas, como aprender a volitar. Você passou por este problema?*

— *Não!* — respondeu Luidy. — *Meus pais são ateus. Para eles, a pessoa morre mesmo. Acaba! Vira pó! Sentem saudades de mim como de alguém que por alguns anos esteve com eles. Sentiram minha desencarnação, mas não a ponto de me perturbar.*

— *Então foi bom para você!* — exclamou Lenita.

— Não penso assim. Fui criado para ser ateu. Embora meus pais não me forçassem, esperavam eu ficar adulto para compartilhar comigo suas ideias. Minha avó materna me ensinou a orar e o fazia escondido de meus pais. Vovó desencarnou dois anos antes de mim e me ajudou quando vim para cá. Fiquei doente, muito enfermo, penso que meus pais abreviaram meus sofrimentos. Gostei de ter desencarnado, estou me esforçando para ficar bem aqui; vou estudar para, no futuro, tentar alertá-los de que estão enganados. Isto será fácil porque os dois são pessoas boas e caridosas.

— Tomara que consiga! — desejou Lenita.

— Espero que resolva seu problema!

Despediram-se.

Camila acordou e contou à companheira de quarto.

— Estou me sentindo melhor. Vou ficar acordada durante o dia. Esta noite tive de dormir. Senti que meu irmão, o Júnior, estava contente e meus pais e avós, preocupados. Gabriela me contou que Júnior adoeceu, uma forte gripe, foi hospitalizado, mas passa bem. Este fato, porém, serviu para fazê-los pensar que a vida continua. Catarina deve estar conseguindo ajudá-los.

Camila era animada, levantou-se e resolveu dançar, estudara balé antes de adoecer. Cantou e contagiou Lenita com sua alegria, que cantou junto. Marina acordou e ficou olhando-as.

Gabriela, que veio auxiliar Marina, sorriu contente ao vê-las dançar e cantar. Aproximou-se do leito de Marina. A menina julgava-se encarnada, internada num hospital. Parecia alheia a tudo o que falavam a ela sobre desencarnação. Quando isto ocorria, mudava de assunto ou dormia. E adormeceu assim que Gabriela perguntou como estava.

À tarde, Lenita contou a Camila:

— Vovô está me mandando flores. Vejo em minha mente rosas num vaso na sala da casa dele. Vovô Jaime as colocou para mim. Que agrado! Gostei!

Sentindo-se mais tranquila, Lenita quis ir ao jardim.

Gabriela acompanhou-a, a garota admirou a limpeza, a beleza das flores. Mas infelizmente não ficou muito tempo, voltou ao quarto porque sentiu a mãe chorar. Tranquilizou-se porque desta vez o choro de sua mãe foi diferente: não se lamentou e pensou nela bonita e sadia.

Lenita lembrou da avó, gostava muito de sua avó materna, sentiu-a lendo um livro e mandando para ela abraços e beijos.

— Camila — disse Lenita —, *algo aconteceu também com meus pais! Catarina deve tê-los ajudado. Já são dezoito horas e senti hoje somente mamãe chorar, mas o fez diferente. Vovó Rute me mandou beijos. Agora Amanda está pensando em mim com os cabelos na cintura e que ela está me penteando. Veja! Meus cabelos estão crescendo! Que alegria! Que felicidade!*

Lenita passava as mãos nos seus cabelos. Balançava a cabeça.

— *Isto é maravilhoso!* — exclamou Camila. — *Você está linda com seus cabelos compridos! Como eles nos fazem falta! Tomara que dure! Que nossas famílias nos deem sossego!*

— *Vou querer meus cabelos até o meio das costas. Estou tão contente por tê-los novamente! Foi o pensamento de minha irmã que me ajudou a tê-los!*

— *Também sinto* — contou Marina — *meus pais pensando em mim. Nunca senti isto. Estou estranhando muito minha família não ter vindo me ver. Neste hospital não recebe visitas? Eles devem saber que melhoro. Será que nem telefonar posso?*

— Marina — falou Camila —, é melhor você raciocinar. A doença que tinha poderia sarar? Lenita estava careca, e seus cabelos cresceram rápido. Como você acha que isto ocorreu?

— Para Deus nada é impossível! Se podemos sarar de repente, cabelos também podem crescer.

— Realmente, nada para Deus é impossível! Porém — insistiu Camila —, às vezes temos de ir para outro plano para sarar. Eu não verei meus pais tão cedo nem você e...

Camila parou de falar porque Marina dormiu.

— Sinto minha família lendo um livro, e é esta obra que está ajudando-os. O que será? Que livro é este?

— Pergunte à Gabriela — aconselhou Camila.

As duas se calaram, e Lenita de repente se viu subindo uma escada de pedra dentro de uma casa. Alguém a segurou pelo braço, e ela falou: "Não fui eu! Quero que meu braço seque se fui eu!". A visão sumiu. Ela não entendeu e também não se preocupou. Estava se sentindo bem e maravilhada com seus cabelos.

Gabriela veio lhes dar boa-noite.

— Nossa! Lenita, você está linda com seus cabelos!

— Será que eles podem sumir? Será que, se alguém de lá pensar em mim careca, eles sumirão?

— Você quer isto? — perguntou Gabriela. — Não! Então não permita que isto ocorra. Pense firme que você os quer e pronto! Eles não sumirão.

— Gabriela, sinto meus pais, avós, tios e minha irmã lendo um livro, e foi por meio dele, por esta leitura, que começaram a agir diferente. Estou curiosa. Que livro é este?

— Catarina foi ajudar suas famílias. Parece que esta dedicada trabalhadora está conseguindo. Fez com que uma simples gripe chamasse a atenção da família de Camila para o irmão e os lembrasse de que necessitariam continuar vivendo. Conseguiu também consolar *a sua família, Lenita; pediu para uma vizinha de sua avó Fátima lhe emprestar um livro espírita. Esta vizinha atendeu e emprestou. Sua avó Fátima leu, gostou e comprou outros exemplares deste livro; pediu para seu pai o ler, o que fez com que se sentisse consolado pela leitura. Resultado: todos estão lendo. Este livro é* Violetas na janela. *É um livro psicografado por uma médium e quem o escreveu foi uma jovem desencarnada. A escritora, Patrícia, encarnada, era espírita, como sua família. Neste livro, ela conta como foi auxiliada pelos pais e pela família quando veio para o plano espiritual. E, como muitos que leem esta obra, resolveram seguir os exemplos da família de Patrícia, e os beneficiados são os desencarnados, que melhoram e se sentem prontos para viver no plano espiritual.*

— Que legal! Gostaria de ler esse livro. Temos aqui? — perguntou Lenita.

— Temos, sim. Amanhã cedo trago dois exemplares: um para você, Lenita, e outro para Camila — prometeu Gabriela.

As três dormiram tranquilas.

No outro dia, Gabriela levou-lhes os livros, e as duas foram ler. Gostaram da leitura e comentaram:

— É por isso que eles estão pensando em mim sadia e têm me mandado beijos e abraços! — exclamou Lenita.

— *Ainda irei agradecer essa Patrícia. Quero também agradecer Catarina. Estou determinada a imitar a Patrícia.*

À tarde, Catarina foi visitá-las. Lenita e Camila agradeceram-na e escutaram o conselho:

— *Fiquem firmes, garotas! Repilam os pensamentos de tristeza com os de alegria.*

Abraçou-as e se despediu.

Tanto Camila como Lenita passaram a passear no jardim e lá ficavam horas admirando as flores, as árvores, o céu... Comentavam sobre tudo o que viam. Também conversavam com outros jovens e falavam muito da família e da desencarnação. As meninas estavam alegres e, por qualquer motivo, riam. Camila ensinava Lenita a dançar e se divertiam. Marina não participava: acordava, olhava as duas companheiras de quarto, julgava recuperando-se, conversava somente sobre assuntos banais. Se as duas falassem de morte ou de desencarnação, ela fingia não escutar, não aceitava, não queria entender que mudara de plano.

— Logo vocês duas irão para a escola — informou Gabriela.

— Será que meus pais não terão uma recaída? — perguntou Lenita.

— Isso pode ocorrer — respondeu Gabriela —, *talvez em datas especiais ou diante de algum acontecimento que os fará lembrar mais. Porém, vocês necessitam aprender a se controlar; depois, estarão ocupadas com os estudos, e aí será mais fácil desligarem-se dos familiares.*

Quando ficaram a sós, Camila comentou:

— *Você tem notado que por aqui todos trabalham?*

— *Sim, e isso é um incentivo para sermos assim também, trabalhadoras.*

— *Como somos ajudadas, devemos ajudar. Legal!* — exclamou Camila.

Lenita pensou em sua família. Sentiu-os. Naquele momento, seu pai trabalhava. Amanda estudava. Sua mãe pensava no que faria no jantar.

"**Eu os amo!**", pensou a garota. "*Eles sofreram ao meu lado e por mim. Tentam agora entender, pela leitura de um livro espírita, o que acontece comigo, esforçam-se para se consolar e tentam novamente me ajudar. Quero-os bem. Desejo que fiquem em paz, que se organizem e tenham alegrias.*"

— Boa tarde!

Lenita se assustou com a possante voz de Miguel. Riram e responderam ao cumprimento.

— Estamos bem, Lenita e eu — informou Camila. — Mas Marina não! Ela não sente dor, nada, mas não quer saber o que ocorreu com ela. Penso que somente você conseguirá fazê-la entender que desencarnou.

— Já tentei e não consegui. Mas não se preocupem. Vou usar o código um milhão e novecentos mil.

— O que é isso? — Lenita ficou curiosa.

— Não sei — respondeu Miguel. — *Gosto de responder isso. Todas as vezes que falo isso, um curioso pergunta o que é. Não existe código, somente uma ajuda diferenciada. Iremos levar Marina, na segunda-feira à noite, a uma reunião de encarnados, de pessoas espíritas, seguidores da doutrina de Allan Kardec. Nesta reunião, médiuns, pessoas que conseguem nos ver, ouvir e falar por nós, nos ajudam sempre. Marina, ao se aproximar de um médium, uma pessoa com a vestimenta física, encarnada, perceberá a diferença de seu corpo, o que usamos agora se chama "perispírito", com o dele, o carnal. Receberá orientação que a fará compreender que mudou de plano.*

— Puxa! Que interessante! — exclamou Lenita. — *Minha avó Fátima, uma vez, me contou que isso acontecia. Dará certo?*

— Com toda a certeza! — respondeu Miguel. — *Marina pode até se assustar, mas receberá carinho, atenção e verá como foi seu desencarne, seu velório e enterro, se for necessário. Voltará para cá consciente de que realmente veio para o Além.*

— Velório? Enterro? Como terão sido os meus? — Camila ficou curiosa.

— Nada de diferente — esclareceu Miguel. — *Um dia, se quiser, poderá saber.*

— Devo ter ficado muito feia — falou Lenita. — *Estava muito magra e careca. Com certeza, foi uma choradeira. Eu que não quero ver isso. Ainda mais agora que eles pensam em mim sadia e linda.*

67

— Quando entrei no quarto, você, Lenita, estava pensativa. Em que pensava? — perguntou Miguel.

— Que estava sendo egoísta — respondeu Lenita. — Não queria que eles sofressem, chorassem, para eu ficar bem. Esqueci que os amo. E quem ama quer que o outro esteja bem e alegre. Passei a desejar coisas boas a eles. Em oração, peço que papai consiga pagar as dívidas, gastou muito comigo doente. Sempre vivemos com dificuldades financeiras; com minha doença, a situação piorou. Desejo a mamãe sossego, que ela durma todas as noites, porque, desde que adoeci, ela não dormiu mais a noite toda, acordava para me dar remédios ou até para ver se estava bem. Almejo a Amanda que ela possa ter roupas novas, sair, passear, rir e cantar, quero sentir sua alegria. Desejo que meu tio Benício aprenda a ser útil com sua mediunidade. Que meus avós tenham saúde. Pensei até nos primos e vizinhos. Quero-os felizes!

— Parabéns! — elogiou Miguel. — Seja bem-vinda! Você acaba de morrer! Remorreu! Está vivíssima! Pronta para viver plenamente!

Miguel a abraçou e se despediu.

As garotas entenderam que ele trabalhava muito, era o responsável por aquela ala de hospital. Às seis horas, Gabriela foi buscar Marina, acomodou-a numa maca e explicou às duas companheiras dela de quarto que olhavam curiosas:

— Vou acompanhá-la, iremos à frente do hospital e seremos levadas por uns trabalhadores ao plano físico, a um centro espírita onde ela receberá a orientação.

— Marina não poderia receber aqui essa orientação? — perguntou Camila.

— Sim, poderia, porém já tentamos e tentaríamos mais vezes. Nesses trabalhos de ajuda, Marina receberá o que necessita de maneira mais rápida.

— Nossa! Essas reuniões são realmente importantes! — exclamou Lenita.

— São, e muito! — concordou a gentil e dedicada trabalhadora responsável por aquela ala do hospital.

Gabriela se despediu e saiu com Marina dormindo na maca.

As duas garotas aguardaram ansiosas a volta de Marina.

Eram vinte e duas horas quando Gabriela e Marina entraram no quarto conversando animadas. Lenita e Camila suspiraram aliviadas.

— Olá, desencarnadas! — cumprimentou Marina.

Riram.

— O que aconteceu? — Camila quis saber.

— *Fui a um local, disseram que era um centro espírita. Quando estava encarnada, tinha medo de pessoas espíritas, porque pensava que elas mexiam com os demônios. Compreendi que não é nada como eu pensava, elas são cristãs, ajudam muitas pessoas, e recebi delas um precioso auxílio. Os espíritas são normalmente pessoas boas. Vi lá espíritos bondosos e, pasmem, vi meu avô Toninho, que foi, ou é, uma pessoa muito boa, ele desencarnou há cinco anos. Lá, olhei tudo curiosa, fiquei perto de uma moça, falei, e ela repetiu. Explicaram que a moça é médium e que isto ocorre para ajudar pessoas como eu que, tendo os corpos físicos morrido, encontram-se confusas. Comparando meu corpo com o da moça, percebi que estava diferente. Com as elucidações de uma mulher, compreendi que meu corpo doente faleceu e que não vou ficar dormindo porque a vida continua. No centro espírita, eles oram, leem o Evangelho e ajudam os desencarnados; Gabriela me contou que auxiliam também os encarnados e que eles fazem muitas caridades. Na volta, nós duas conversamos muito, Gabriela afirmou que poderei estudar e trabalhar, porque aqui a vida não se difere muito, necessitamos continuar aprendendo.*

— Que bom que está contente! — Lenita sentiu-se aliviada.

— Quero que você, Camila, me ensine a dançar. Por favor!

— Agora? Está na hora de dormir.

— Não pode dormir depois? Não estou com sono.

Camila dançou; Lenita e Marina, rindo, tentavam imitá-la. Foram dormir horas depois. Estavam alegres.

Marcela, como prometera, foi visitar Lenita e ficou contente por vê-la bem. Falou com tanto entusiasmo da escola que as três se entusiasmaram.

— *Não posso demorar* — falou Marcela. — *Estou muito atarefada. Tenho estudado muito e lido os livros da escola, que são muito interessantes. Logo mais terei aula.*

Despediram-se com abraços.

Lenita sentia que estava ficando mais acordada, alimentava-se menos e se sentia limpa. Camila também sentia a mesma coisa. Gabriela explicou:

— *Vocês já estão se adaptando. Miguel, eu e muitos trabalhadores moradores da colônia não dormimos, não nos alimentamos, e vocês, ao estudarem, ao se conscientizarem de que vivem num corpo perispiritual, passarão a ficar mais despertas e se alimentarão da energia da natureza.*

Camila às vezes sentia alguém chorar por ela, era mais a mãe, e, quando isso ocorria, ela deitava e dizia:

— *Vou dormir!*

Gabriela a ensinou a mandar energias boas para a mãe, para a família, e Camila tentou, estava conseguindo.

Lenita estava ficando cada vez mais tranquila; naquela tarde, estava lendo um livro quando sentiu sua mãe lastimar.

"Pare, mãe!", pensou ela com firmeza. "*Não faça isso! Pare!*"

O CAMINHO DAS ESTRELAS

Escutou a mãe falando à irmã: "Nossa! Parece que escutei Lenita me pedindo para parar de lamentar". "Deve ter escutado mesmo", afirmou Amanda. "Não é para fazermos mais isto. Lenita, minha irmã, não escute a mamãe. Ela esqueceu que não é para se desesperar. Quero que você fique bem, que voe ou volite como a Patrícia e, quando estiver voando, me mande um beijo aéreo."

Lenita sorriu, e a mãe atendeu Amanda e parou de chorar.

— *Quero voar!* — determinou Lenita.

— *Como?* — Camila não entendeu.

— *Vou aprender a volitar!*

— *Vamos pedir a Miguel para irmos à escola? Começo a me cansar de descansar. Já pensou como seria se a morte fosse descanso eterno?*

— *Com certeza seria muito monótono. Assim que Miguel vier nos ver, pediremos a ele. Sempre gostei de estudar e quero me dedicar com empenho a esta tarefa.*

Miguel as atendeu. Iriam, no dia seguinte, para a escola. Elas o agradeceram, e ele aconselhou:

— *Com certeza, meninas, vocês ainda sentirão chorarem por vocês; quando isto ocorrer, reajam. Camila, você não poderá, ao senti-los, chorar ou ir dormir. Tentarão, isto é para vocês duas, não receber estes pensamentos e enviar a eles energias amorosas e desejar que todos da família fiquem bem. Lembrem-se de que a maioria dos jovens que irão conhecer na escola passaram por estas dificuldades e muitos ainda as estão superando, como vocês. Por isso, não se acanhem ou se envergonhem de pedir ajuda. Estudem, minhas queridas, aprendam para se tornarem úteis.*

Miguel saiu e as duas ficaram conversando entusiasmadas. Marina fez planos, iria se esforçar para ficar bem e ir também logo para a escola.

Marina recebeu a visita do avô. Lenita e Camila ficaram atentas observando. Avô e neta conversaram animados. O senhor Toninho contou que trabalhava na outra ala do hospital, que gostava muito de viver no plano espiritual e na Colônia Aprendiz do Amor. Disse que morava na parte residencial, numa casinha muito bonita, junto a outras pessoas. Disse também que, assim que fosse possível, viria buscar a neta e que ela, por uns tempos, moraria com ele.

— *Como Patrícia? Ela morou com a avó* — Camila intrometeu-se na conversa.

— É isso mesmo — confirmou o senhor Toninho.

Ao se despedir, o avô abraçou demoradamente a neta e se despediu carinhosamente das duas garotas.

— *Quando amamos, não nos separamos mesmo!* — exclamou Camila. — *Que reencontro emocionante! Quando alguém de minha família desencarnar, quero visitá-lo e motivá-lo para que fique bem.*

Foram dormir às vinte e três horas, estavam ansiosas porque, no dia seguinte, às sete horas, Miguel as levaria à escola.

5º capítulo

A escola

Antes do horário marcado, Lenita e Camila estavam prontas, esperando por Miguel. As duas acordaram Marina para se despedirem.

— Marina, fique bem e logo — desejou Camila.
— Nós a estaremos esperando — falou Lenita.

Miguel chegou contente, como sempre.

— Vamos logo, meninas! O dragão está faminto!
— Como é? Vamos ser alimento de dragão? — perguntou Camila rindo.
— Se ele não tiver mais nada para se alimentar, tomará o café da manhã tendo vocês como recheio de seu pão. Mas talvez ele as ache indigestas. Têm muitos ossos. Prontas, garotas? A escola as espera. Vou, Marina, trazer outras meninas para ocupar os lugares delas para que não fique sozinha. Hoje quero que vá ao jardim.

Despediram-se novamente de Marina e saíram do quarto.

— Marina fará o curso conosco? — perguntou Camila.
— Não. O curso que irão fazer tem data para começar e, normalmente, o grupo está completo. Marina fará no próximo. Uma turma termina e outra começa.
— Ela ficará aguardando no hospital? — Lenita quis saber.
— Não — respondeu Miguel. — Quando Marina se sentir bem, irá morar na casa de seu avô e, lá, aprenderá muitas coisas.

— Eu não tenho parentes aqui; se não desse para fazer o curso com essa turma, onde ficaria? — perguntou Lenita.

— Existem várias residências onde temos cuidadoras que recebem como parentes de coração quem não tem parentes ou conhecidos por aqui.

Passaram por corredores e chegaram à frente do hospital.

— Nossa! Como é grande! — exclamou Camila.

— Ainda temos muitos problemas com a desencarnação. A porcentagem é muito pequena dos que desencarnam e não necessitam se recuperar ou de um auxílio. Alguns ficam por pouco tempo, mas, infelizmente, outros demoram mais, e os motivos para estarem aqui são diversos.

— Nós não demoramos, não é? — perguntou Lenita.

— Recuperaram-se rápido — elogiou Miguel.

— Se nossas famílias tivessem se consolado, nossa estadia aqui no hospital teria sido mais rápida; Marcela ficou poucos dias — concluiu Lenita.

— O importante é que estão bem! — exclamou Miguel.

— Pelo que estou vendo, a colônia é uma cidade — Camila estava admirada.

— Sim, é uma cidade — afirmou o condutor das garotas.

— Difere-se na limpeza. Olhe que avenida linda! — Lenita também estava surpresa.

— Vamos por ali — Miguel mostrou o lado.

As duas olhavam tudo admiradas. Perceberam que o hospital era realmente grande. Prestaram também atenção nas calçadas, ruas e árvores.

— Parece que conheço este lugar! — exclamou Lenita.

— Escutamos muito isso — explicou Miguel. — Primeiro porque aqui é uma cidade organizada, onde tudo funciona com harmonia, todos cuidam dela com carinho. Porém, as colônias são parecidas com as cidades do plano físico. Então, como não se diferem muito, temos a sensação de conhecê-las. Mas podemos, ao retornar ao plano espiritual, ter lembranças de que já vivemos numa colônia antes de termos reencarnado. E, como todas são parecidas, daí a sensação de que as conhecemos. Pode acontecer também de encarnados visitarem-nas. Isto ocorre com encarnados afins, ou seja: pessoas boas, por motivos especiais, quando seus corpos físicos estão adormecidos, são trazidas para cá para uma visita. Quem as trazem são desencarnados bondosos. Vocês duas, minhas queridas, devem ter vindo passear por aqui. Ficaram doentes por anos e podem ter sido trazidas para se refazerem um pouquinho.

— Queria ter lembrado! — desejou Lenita.

— Se tivesse lembrado, talvez não quisesse ficar lá — opinou Camila.

— Vamos, garotas! — Miguel, por algumas vezes, as motivava a andar.

Depois de terem caminhado por uns dez minutos, mudaram de rua, chegaram à escola.

— Nossa! Que bonita! — admirou-se Camila.

— Penso que lá, no plano físico, locais de estudo deveriam ser com este que vejo. É lindo! — exclamou Lenita.

— É por aqui, garotas. Vamos entrar. De fato, o prédio é grande; por aqui, muitos estudantes ficam alojados enquanto estudam. Nesta escola se aprendem desde conhecimentos gerais, alguns são alfabetizados, ao conhecimento do plano espiritual e de como viver aqui. E, o mais importante: como ser útil. Estudos mais específicos e de níveis superiores são realizados em outros locais.

Atravessaram o jardim em frente à escola.

— Você, Miguel, estudou medicina aqui, no plano espiritual, não foi? — perguntou Lenita parando e seus dois acompanhantes também pararam de andar.

— *De fato, estudei* — respondeu ele. — *Nesta escola, tive os primeiros conhecimentos, depois fui para outra colônia de estudos para completar os meus. Já tinha sido médico em vidas passadas, não na minha última.*

— *Você foi cego mesmo? Marcela me contou* — Lenita quis saber.

— *Sim, fui deficiente visual. Nasci prematuro, antes do prazo previsto; com certeza, sempre existem explicações para os acontecimentos, e minha visão foi danificada. Mas foi uma escolha. Necessitava de um aprendizado pela dor por ter me recusado a aprender pelo amor. Afirmo a vocês que foi uma reencarnação proveitosa. Vivi cinquenta e quatro anos sem enxergar. Encarnado, estudei, fui ativo, tive uma profissão, meu pai me ensinou a trabalhar, ajudava-o no armazém. Frequentava a igreja e cantava no coral. Sempre fui brincalhão e fiz muitos amigos. Namorei, mas desisti de ter uma companheira. Resolvi ficar solteiro depois que soube que poderia desencarnar logo. Isto foi quando tinha dezenove anos: por exames, constatou-se que era portador de uma doença cardíaca. Todos acreditavam que desencarnaria ao entrar na fase adulta. Isto não ocorreu, e fui ficando encarnado até que o coração parou, e mudei de plano. Por graça, fui socorrido e, ao acordar aqui, na colônia, enxerguei.*

— *Com certeza, foi para você muita alegria voltar a ver* — opinou Lenita.

— *Muita!* — concordou Miguel. — *Senti-me tão feliz que agradeço todos os dias por enxergar.*

— *Como eu com o meu braço! Penso que às vezes precisamos ficar sem para dar valor* — concluiu Lenita.

— *O melhor é dar sempre valor para nunca ficar sem. Não fiquemos mais parados. Vamos entrar!*

Passaram pela porta e, no hall, estava uma moça esperando-as.

— Aqui está Márcia! Ela é uma das orientadoras de vocês. Despeço-me! Nós nos veremos por aí! Tchau!

Miguel as abraçou e saiu, voltaria ao hospital. Márcia as cumprimentou, abraçando-as.

— Sejam bem-vindas! Venham comigo! Por aqui! Iremos nos reunir na outra parte do prédio. Conhecerão o restante da turma.

Passaram por dois corredores e entraram numa sala arejada, com poltronas confortáveis no centro formando um círculo. Lá estavam sentados seis jovens e se cumprimentaram com um "oi". Márcia pediu para Camila e Lenita se sentarem. As duas garotas observaram toda a sala, os outros jovens fizeram o mesmo. Lenita focou sua atenção nas janelas, que eram três, amplas e com vitrais coloridos; duas estavam abertas, e ela ficou curiosa para saber o que tinha do outro lado.

— Bom dia!

Um homem entrou na sala acompanhado por outros sete jovens. Depois de responderem ao cumprimento, se acomodaram.

— Chamo-me Daniel — apresentou-se o adulto, que acompanhava os jovens. — Junto a Márcia, serei o orientador de vocês. Estão numa escola, porém o que aprenderão neste curso difere-se do que aprenderam em colégios do plano físico. Principalmente no começo. O curso que irão fazer é para terem conhecimentos do plano espiritual e de como viver aqui. Quando terminarem, estarão aptos a ser úteis nas diversas atividades ou a continuar estudando. Dez de vocês ficarão nos alojamentos da escola; cinco, que estão morando com parentes na ala residencial, vêm para as aulas e voltam. Mais tarde, Márcia acompanhará os que ficarão na escola. Vamos nos conhecer, começando pela minha esquerda. Levante-se e diga o seu nome.

— Vânia! É para dizer o nome completo? — perguntou uma jovem que foi a primeira a se levantar.

— Fiquem à vontade para se apresentar. Aqui costumamos usar somente o primeiro nome, isto para nos identificarmos — respondeu Daniel.

Todos se apresentaram.

— Nas nossas primeiras aulas — continuou Daniel informando —, conheceremos a escola, depois a cidade em que estamos. Referimo-nos a elas como "colônias"; são muitas espalhadas pelo mundo, pelo nosso país. Seus tamanhos variam, a que estamos é de porte médio. Chama-se Aprendiz do Amor. E, como diz o nome, espero que todos nós sejamos aprendizes deste sentimento maravilhoso: o amor! Márcia e eu os acompanharemos na visita à escola. Verão a maioria dos estudantes com uniformes. Nós — Daniel colocou a mão no seu peito e depois mostrou Márcia —, *não sei se perceberam, estamos com roupas iguais; quem nos vê sabe que somos professores deste local de ensino. Vocês, se quiserem, poderão usar as vestimentas dos alunos.*

— Com os uniformes, todos saberão que somos estudantes! — exclamou Cássia.

— Isso mesmo! — concordou Márcia. — *Como Daniel informou, mais tarde levarei os que morarão na escola, cada um terá um espaço, quarto, para si. Lá encontrarão roupas e o uniforme. E, se precisarem de algo diferente, é só pedir para o encarregado do alojamento. Os cinco que não ficarão aqui, hoje, ao término da aula, receberão os uniformes. Vamos agora conhecer o local onde estudarão. Aqui é a nossa classe. São muitas as salas de aula. Esta ala é para os jovens. Estas poltronas viram carteiras. Olhem, é assim...*

Márcia apertou um botão no braço da poltrona, puxou, e uma mesinha surgiu à frente.

— *É adaptável* — explicou a orientadora —, *coloquem-na cada um de vocês como acharem mais confortável. Meninos, vocês, tanto aqui na escola como na colônia, verão tudo muito limpo. Entre nós não há vândalos. Tudo é muito bem cuidado. Quero que continue assim.*

— *Tudo o que precisamos para as aulas, vocês encontrarão nos armários* — informou Daniel. — *Agora podem se levantar, olhar os armários, andar pela sala.*

Os jovens se levantaram, e Lenita não resistiu, foi à janela. Debruçou-se no beiral e viu um pátio onde vários estudantes estavam tendo aulas de volitação. Ela suspirou... Os outros colegas foram às janelas para ver o que ela admirava.

— *Estão aprendendo a volitar! Fantástico!* — Camila se entusiasmou.

— *Meu sonho é volitar!* — exclamou Pedro.

— *Penso que é o de todos nós!* — concordou Lorena.

— *Vocês terão aulas de volitação no decorrer do curso* — informou Márcia.

— *Vamos, garotos, conhecer a escola* — Daniel abriu a porta.

Reuniram-se no corredor, e o orientador continuou informando:

— *Temos mais duas classes nesta ala para jovens. Crianças não vêm para cá, elas são encaminhadas aos educandários, setores somente para os infantes. Normalmente, vão para lá os que desencarnaram com até treze anos. Mas, como verão e aprenderão no decorrer do nosso estudo, nada aqui no plano espiritual é regra geral. Assim como também os considerados jovens podem ser os desencarnados até vinte e cinco anos. Começamos estes cursos de acordo com a turma formada. Normalmente tem de dez a vinte estudantes* — Daniel mostrou a porta à sua direita: — *Nessa sala, temos um grupo de dezoito alunos que estão acabando o curso. Nesta aqui eles estão na metade do estudo, e são jovens com mais idade.*

— *Vou envelhecer? Ficarei adulto e depois idoso?* — perguntou Sérgio.

— *Como aprenderão* — respondeu Márcia elucidando —, *este corpo que estamos usando, o perispírito, é modificável. Podemos mudar de aparência ou não. Penso que alguns de vocês já mudaram: estiveram doentes e se recuperaram. Quando se desencarna idoso, pode-se remoçar uns anos, porque assim se sente mais disposto. A aparência não importa, aprenderemos isto. Encontramos jovens com sabedoria e maturidade e muitos estão aqui há anos. Se você, Sérgio, quiser, depois de um tempo, ter aparência de adulto, terá, porque com estudo saberá modificá-la, mas, se quiser ficar como está por anos, também poderá.*

Passaram para outro corredor.

— *Aqui* — continuou Daniel mostrando — *estão as salas de aula de conhecimentos gerais, onde analfabetos podem aprender a ler e escrever, ou seja, adquirir conhecimento.*

— *Poderei aprender inglês?* — Edson quis saber.

— *Não neste curso. Após, sim. Poderá se matricular em cursos de conhecimentos gerais* — respondeu Márcia.

— *Essa ala é para os adultos acima de vinte e cinco anos que querem aprender como viver desencarnados e a ser úteis.*

— *Pode-se ser útil, trabalhar, sem ter feito esses cursos na escola?* — indagou Vânia.

— *Sim, isso ocorre. São muitos os trabalhadores que aprendem servindo, fazendo o bem, aprendem a viver no plano espiritual e a ser úteis trabalhando.*

— *Meu tio* — falou Enzo —, *desencarnado que mora nesta colônia, me contou que fez este curso, de conhecimento do plano espiritual, mais avançado. Ele, quando mudou de plano, tinha conhecimentos sobre espiritualidade. Isto ocorre? Tem dois cursos?*

— *Sim* — respondeu Daniel —, *o que irão fazer é básico, temos realmente estudos mais amplos. Poderão, após este, completar fazendo o outro. No mais abrangente, não se separa os mais jovens dos adultos, e existem aulas teóricas e práticas. E quem já adquiriu o ensino básico encarnado faz o avançado, como seu tio.*

— Aulas práticas? Como? — Giovani se interessou em saber.

— Exemplo — Daniel continuou a elucidar —, *ao estudar os umbrais, os alunos se hospedam num posto de socorro na zona umbralina, às vezes até por meses, trabalhando no local.*

— Com certeza aprenderemos muitas coisas! — exclamou Ana Luíza.

— Vamos continuar! Por aqui... — pediu Márcia. — *Se seguirmos em frente, iremos ao pátio que viram pela janela, onde alunos aprendem a volitar. Do outro lado, temos outro pátio, onde se obtêm conhecimentos de como se nutrir. No segundo andar, temos um grande auditório ou salão para palestras, reuniões e peças de teatro. Nesse piso também está a biblioteca, onde vocês podem pegar livros para ler, e a sala de vídeo. Nesses dois locais, podemos consultar sobre diversos assuntos e, no horário de lazer, podem jogar, temos jogos interessantes. No terceiro andar, o último, estão os alojamentos e o refeitório.*

Foram à entrada. Lenita então reparou como tudo era bonito. Na frente da escola tinha um pequeno jardim. A porta principal era alta, larga e, em cima, estava escrito: Escola Aprendiz do Amor. Do lado esquerdo da porta, os dizeres: "Sejam bem-vindos todos aqueles que querem aprender!". Do lado direito, a informação: "Estudos de conhecimentos gerais do plano espiritual".

— Garotos — disse Daniel —, *vocês irão com a Márcia para o refeitório. Despeço-me. Amanhã nos veremos.*

Despedindo-se com um "tchau", Daniel entrou no prédio. O grupo ainda ficou observando a frente da escola. Pintada de cor clara, como todas as construções da colônia, tinha três andares, muitas janelas e vitrôs. Tudo conservado e muito limpo.

Márcia chamou-os para entrar.

— *Continuarei a mostrar o interior após a refeição. Vamos por aqui...*

Subiram a escada e encontraram um jovem descendo-as volitando. Ao ver Márcia, colocou os pés no chão e desceu.

— *O moço pareceu desconcertado* — observou Vânia. — *Ele estava agindo errado?*

— *Embora não seja proibido* — explicou Márcia —, *recomendamos que não se volite dentro de prédios nem na colônia. Pode-se fazer em casos de urgência, de necessidade. Os aprendizes se entusiasmam.*

O refeitório não era grande se comparado com o tamanho da escola. Encontraram outros grupos, cumprimentaram-se. Ali estavam reunidos estudantes de todas as idades. A maioria estava uniformizada. Para as mulheres, saias ou calças compridas azuis-escuras e blusas brancas, que podiam ser com mangas curtas ou longas. Os uniformes masculinos eram calças azuis e blusas brancas. Todos tinham, do lado direito do peito, o emblema da escola, que é um sol com raios e os dizeres: Escola Aprendiz do Amor.

O grupo se serviu: tinha sucos, frutas, cereais, verduras, caldos e legumes cozidos.

— *Com certeza, aqui não se nutre de carnes, não é?* — perguntou Fernando.

— *Não* — respondeu Márcia. — *No plano espiritual, onde se aprende a amar, a fazer o bem, não matamos nada para nos alimentar. Aqui não se alimenta de carne. Se alguém que ainda necessita de alimentos quiser comer carnes, temos alternativas como cereais que podem ter gosto parecido.*

— *Uma vez* — contou Adalberto, o Beto — *sonhei que estava comendo carne e, de repente, estava dando uma dentada na perna da vaca. O animal me olhou pedindo compaixão. Acordei com o coração disparado e pensei no sonho o dia todo. Resolvi não comer mais carne. Tornei-me um vegetariano.*

— *Ser ou não ser vegetariano é opção* — elucidou Márcia. — *Encarnada, alimentava-me de carnes. Penso que, quando reencarnar, serei vegetariana, espero ser. Porém, aqui no plano espiritual, o objetivo é não nos alimentarmos, que aprendamos a nutrir este corpo que usamos com outras fontes de energia. Vocês aprenderão, mas, enquanto esperam por este conhecimento, podem vir quando quiserem ao refeitório e se alimentar. No corpo físico, necessitamos nos alimentar para nutri-lo, porém não precisa ser de carne. Vamos, garotos! Sirvam-se!*

Os jovens se serviram, repetiram e observaram tudo e todos.

Quando terminaram, voltaram ao térreo, encontraram grupos, se cumprimentaram e conheceram muitos alunos e professores. Lenita viu Marcela; as duas se abraçaram, ficaram contentes com o reencontro. Foram à sala de informações. Ali estava a lista de todos os nomes de alunos e trabalhadores que, naquele momento, estavam em atividades na escola.

— *Nesta caixa* — Márcia mostrou uma caixa pequena — *temos fichas de todos os que passaram por aqui. Informações como: ano, tempo que ficou e a atividade que fez.*

Voltaram ao corredor e a orientadora continuou mostrando:

— *Aqui é a sala do orientador geral da escola. Além de cuidar de tudo e resolver todos os problemas, ele leciona; por isto, quase não fica em sua sala.*

— *"Orientador geral" é o diretor?* — Pedro quis saber.

— *Sim, é* — respondeu Márcia. — *Vamos por aqui para conhecer o pátio da volitação.*

Atravessaram corredores e se defrontaram com o pátio. Uma instrutora estava ensinando um grupinho: uns faziam exercícios, outros estavam suspensos do chão.

— *Os exercícios ajudam no equilíbrio* — informou Márcia.

Um senhor estava a uns dois metros do chão, volitava devagar. Abanou a mão para o grupo visitante e, vendo que era observado com admiração, abanou a outra mão, sorriu e exclamou:

— *É maravilhoso!*

Desequilibrou-se, caiu, gargalhou, e todos riram.

— *Ao volitar, não se pode descuidar? Tem de ficar atento?* — perguntou Alice.

— *Quando se está aprendendo, é melhor ficar atento; depois que se domina, pode, sim, fazer junto outras coisas, mas nunca esquecer que está volitando.*

— *Deve ser como andar de bicicleta, surfar ou até mesmo andar. Muito interessante!* — comentou Sofia.

Márcia teve de chamá-los para continuar a excursão pela escola. Passaram novamente por corredores e foram ao outro pátio. Um instrutor ensinava um grupo a se nutrir.

— *Aqui se fazem uns exercícios e se aprende a se concentrar. Normalmente é a última etapa do curso. Por acharem difícil, nem todos os estudantes o fazem nesta etapa do estudo, deixam para depois, quando se sentirem mais adaptados.*

O pátio era menor e muito pitoresco, havia vários canteiros de flores. Debaixo de um caramanchão, um instrutor ensinava um grupo de cinco estudantes com exercícios. Cumprimentaram-se. Os jovens continuaram olhando tudo.

— *Todas as vezes que se quer nutrir tem de fazer exercícios?* — Enzo quis saber.

— *Exercícios fazem parte somente da fase de aprendizado. Quando se sabe, faz-se automaticamente* — Márcia explicou.

Entraram no prédio e foram ao primeiro andar.

— *Aqui tem dois salões para encontros e palestras. No menor, grupos se reúnem para ouvir música, tocar instrumentos e cantar. Estudantes gostam deste lazer, e a escola também recebe aqueles que já concluíram o curso e que gostam de estar aqui. Vocês podem vir a estes encontros. Na porta, estão os horários que se reúnem e os dias.*

Naquele horário, não havia ninguém. Entraram na sala. Tinha várias poltronas espalhadas; na frente, um espaço vazio e, no canto, muitos instrumentos.

— *Sempre quis aprender a tocar violão!* — exclamou Enzo.

— *Pode aprender. Aqui tem o aviso: "Aulas de música às segundas e sextas-feiras, às dezenove horas e trinta minutos. Violão: aulas com Maria Paula. Piano..." É só vir. São jovens ou adultos que sabem e que ensinam outros. A escola também tem um coral. Poderão participar, cantar sempre é muito bom.*

Gostaram de ver o salão principal. Estava ornado com lindos quadros nas paredes laterais, havia poltronas confortáveis e, à frente, um palco onde se apresentavam o orador, os corais, os grupos musicais e até havia apresentações de peças teatrais.

Do primeiro andar, foram ao segundo.

— *Neste espaço* — explicou Márcia — *estão as salas de aula e os alojamentos dos estudantes do curso mais adiantado. Não vou mostrar nada específico. Vamos ao terceiro andar.*

Nesta parte do prédio estavam os alojamentos deles e de outros estudantes do curso para iniciantes. Márcia mostrou o andar e, depois, os quartos dos que ficariam hospedados ali durante o curso.

— *Deste lado estão os quartos dos meninos; deste, a ala feminina; do outro lado, os alojamentos dos adultos.*

Abriu uma porta.

— *Aqui é o espaço particular de Lenita!* — informou a orientadora.

Todos olharam. Havia uma cama, uma mesa de cabeceira, um pequeno armário, uma escrivaninha e uma cadeira. Lenita entrou, olhou tudo e viu, na mesinha de cabeceira, um porta-retratos com uma foto. Pegou.

— *Vejam!* — exclamou ela mostrando a foto aos colegas. — *Uma foto de minha família. Meus avós, os quatro, mamãe, papai e minha irmã Amanda.*

— *Aqui no armário* — mostrou Márcia — *está seu uniforme. Vou levar todos a seus quartos, e os que não ficarão na escola irão embora. Vocês que estão alojados aqui podem ficar nos seus quartos ou sair. Dentro da gaveta da mesinha encontrarão um informativo sobre os horários de todas as atividades que temos aqui. Podem ir aonde quiserem, menos, por enquanto, sair sozinhos do prédio. Amanhã, às oito horas, estejam na nossa sala de aula.*

Despediram-se. Lenita permaneceu sozinha em seu quarto, fechou a porta e pegou o porta-retratos.

"Estou com saudades! Aqui é tudo lindo, maravilhoso! Mas queria estar com eles lá. Porém, não queria estar doente!"

Enxugou as lágrimas, que correram abundantes. Bateram na porta e, em seguida, Camila entrou entusiasmada.

— *Amiga, arrume-se, vamos jantar! Depois iremos à sala de música. O quê? Você está chorando? O que aconteceu?*

— *É que estou com saudades!* — lamentou-se Lenita.

— *Muito bonito! Que atitude insensata! Absurdo! Você até ontem se aborrecia com a atitude de sua família por eles chorarem por você. Espero que não tenha se lamentado! Achava ruim a atitude deles e age igual! Nada de chorinho nem choreiro. Vamos lá! Rápido! Vamos nos reunir com a turma.*

— *Você tem razão* — concordou Lenita. — *Tomara que eles não tenham sentido o meu lamento!*

— *Como Gabriela nos ensinou, devemos ter cuidado com o que pensamos em qualquer plano que estejamos. Você, eu, devemos sempre desejar coisas boas às nossas famílias e, por eles, ficarmos bem aqui. O importante é nos conscientizarmos disto e ocuparmos o tempo. Vamos?*

As duas saíram, reuniram-se com os outros, foram ao refeitório e, após, à sala de música. Admiraram-se, tinha muitas pessoas: jovens, adultos e idosos. Quando chegaram, um grupo tocava canções alegres; algumas conhecidas dos encarnados, outras não. Quando pararam, foram aplaudidos, e outro grupo começou a tocar. Grupos e pessoas se revezavam e, normalmente, executavam três músicas. Escutaram solos de piano e violão.

— *A música* — concluiu Lenita — *é realmente uma terapia maravilhosa.*

Todos ali estavam alegres. Oito jovens da turma de Lenita marcaram aulas para aprender a tocar, escolheram os instrumentos, e a maioria preferiu violão e guitarra. Foram convidados a participar do coral.

— *Não importa se farão ou não parte dele* — informou uma senhora —, *mas, sim, que, por algum tempo, aprenderão a cantar. É muito prazeroso conhecer pessoas e participar desta atividade. Temos um maestro que nos ensina. Quando o coral vai se apresentar, aí ele ensaia com os participantes.*

— *Nós duas iremos* — decidiu Camila, por ela e por Lenita.

Cansados, despediram-se e foram para o alojamento. Lenita estava contente, o encontro a alegrou. Orou e dormiu tranquila.

6º capítulo

Conhecendo o plano espiritual

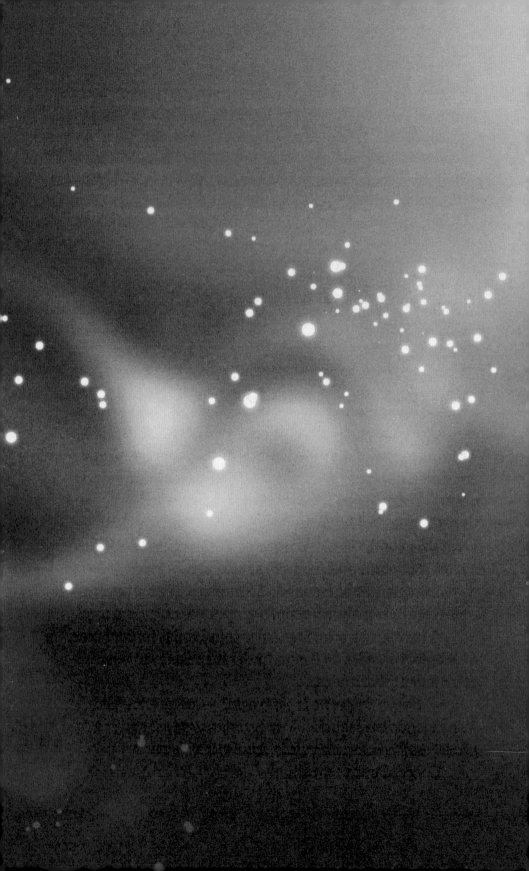

A turma de Lenita passou a seguir uma rotina. Acordavam às sete horas, se arrumavam, tomavam o desjejum, iam para a aula e tinham intervalo de duas horas para o almoço. Pela manhã, era Daniel quem dava as aulas e, à tarde, o estudo continuava com a orientadora Márcia. Todas as noites havia atividades: aulas de música ou reuniões para escutá-las, ensaios do coral, palestras e, todos os sábados, no salão maior, havia apresentações de peças teatrais de grupos amadores, de alunos da escola, das crianças do Educandário e até de visitantes, moradores de outras colônias.

Camila decidiu fazer parte de um grupo de dança, e Lenita, do coral. Gostou porque cantavam canções alegres e também porque aprendia a ficar atenta, pois todos tinham de prestar atenção ao comando do maestro. Fez muitas amizades com outros alunos e com o grupo que cantava no coral.

A turma, nas primeiras aulas com Daniel, foi conhecer a Colônia Aprendiz do Amor. Andaram pelas avenidas, que eram todas arborizadas.

— *Sabem do que mais gosto aqui?* — perguntou Pedro, respondendo em seguida: — *Andar pelas ruas e não sentir medo, não ser assaltado nem atropelado. Isto é maravilhoso!*

Concordaram com ele.

Excursionaram pela colônia com Daniel, que respondia às perguntas dos alunos explicando detalhes. Entraram em vários prédios.

— Ali é o hospital. Bastante grande! Vamos entrar somente na portaria.

O grupo prestava atenção no que via e nas explicações. Hospitais do plano espiritual se diferem dos do plano físico porque neles não se veem doentes esperando. Da portaria, entra-se para o interior; e lá sempre havia alguém para dar informações.

— Aqui podemos ter notícias de todos os internos, quem são e como estão, como também de todos os trabalhadores. Este prédio tem muitos setores, que são divididos em alas: femininas, masculinas, jovens, adultos, para os que estão somente se recuperando, os que se encontram perturbados etc. Andemos, garotos! Temos muitas coisas para conhecer.

Voltaram a caminhar pela avenida.

— Naquele prédio — mostrou Daniel — temos outros departamentos importantes: da Reencarnação, Informação, Administração. Aqui, como em todo lugar, para que dê tudo certo, tem de haver alguém responsável. Na parte da administração, trabalha nosso orientador geral, o responsável por esta Colônia Aprendiz do Amor. Não vamos entrar, sigamos! Ali está a biblioteca. Convido-os a conhecê-la!

O local era deveras bonito, agradável, tinha muitas salas, uma para cada um dos diversos assuntos de interesse dos leitores. Em todas as salas, havia telas em que se podiam ler livros. Também tinham muitas estantes repletas de obras literárias, para os que preferiam ler os de papel. Na biblioteca também havia uma sala maior.

— Aqui se reúnem os amantes da literatura para trocar ideias e ouvir palestras — Daniel mostrou o salão.

Ficaram o dia todo lá, viram vídeos sobre a formação da Terra, outro sobre Jesus e um mostrando a colônia em que estavam.

Foram à parte residencial e visitaram a casa de Cássia, onde morava com o avô e um tio.

— *Tudo muito familiar!* — exclamou Rodrigo.

— *As casas são parecidas* — informou Daniel. — *Todas têm jardim, sala, local para refeições para os que ainda se alimentam e espaços particulares que podem ser quarto ou escritório, até mesmo para ler ou ficar a sós. Em algumas das casas, os moradores são familiares; em outras, residem amigos.*

Conheceram o aeróbus.

— *São veículos* — explicou Daniel — *que usamos aqui no plano espiritual, principalmente nas colônias e postos de socorro. Para nos locomover na cidade, nós os usamos assim: estão vendo este painel? Por meio destes botões damos as informações necessárias: quantas pessoas somos e para onde queremos ir. Um veículo disponível passará por aqui para nos conduzir ao local desejado. Vamos apertar. Somos dezesseis e iremos para o Parque das Águas. Pronto, é só esperar.*

Daniel mostrou a todos como se fazia. Era fácil, tudo estava explicado no painel. Minutos depois, um veículo parou, e o grupo o examinou. Realmente, é uma mistura de ônibus e avião.

— *Nossos veículos são de diversos tamanhos, este é o de número dois, o um é o menor.*

A porta se abriu. Estava ocupado por dois passageiros, que os cumprimentaram sorrindo. Este fato chamou atenção de Lenita, que pensou:

"Aqui todos se cumprimentam sorrindo".

A turma se acomodou. Todos sentaram em poltronas confortáveis e muito limpas. O veículo deslizou, não fazia barulho, era tão suave que nem parecia se locomover.

— *Minha mãe que ia gostar deste veículo. Aperta um botão e ele vai sozinho ao destino. Ela dirige tão mal!* — exclamou Fernando.

Todos riram, estavam alegres. Visitaram o parque: local belíssimo, com lagos, cascatas e muitas plantas.

Usando o aeróbus, foram, todas as manhãs, com Daniel, a todos os locais da colônia. Viram admirados os muros que a cercavam e seus quatro portões.

— *Infelizmente* — explicou Daniel —, *enquanto a Terra, nosso planeta de moradia, for habitada por seres imprudentes, que insistem em seguir no caminho do mal, as colônias e postos de socorro têm de ter proteção para não serem atacados. Ninguém entra aqui sem ser convidado. Por isso que somente encontramos pessoas boas ou as que almejam ser.*

— *Penso que é por isso que muitos desencarnados temem voltar ao plano físico, reencarnar. Lá é tudo misturado!* — opinou Vânia.

— *Aproveitemos então! Viver aqui é realmente o paraíso!* — exclamou Camila.

Todos concordaram; a colônia era um lugar, de fato, lindo, agradável de se viver. Amaram-na!

Ficaram cinco dias excursionando pela colônia. Depois de conhecê-la, reuniram-se na sala de aula. Daniel explicou:

— *Nosso estudo está planejado para ser assim: terão aulas pela manhã comigo. Mostrarei a vocês, nesta tela, o plano espiritual, e faremos rápidas excursões. À tarde, Márcia estará com vocês, ajudando-os a resolver suas dificuldades.*[5] *Como vocês conheceram*

---

5. N. A. E.: As aulas foram como planejadas. Para ter sequência, neste capítulo, irei narrar as aulas de Daniel.

pelas excursões a colônia em que estamos, vou mostrar por vídeo algumas outras. Temos, no plano espiritual, cidades menores que a Aprendiz do Amor.

Assistiam aos vídeos atentos, e Daniel elucidava:

— *Embora menores, em todas existem os departamentos ou, como em algumas são chamados, ministérios. Há moradias, escola, hospital, área de lazer, bibliotecas e praças. Todas são organizadas. Para haver ordem, necessita-se de disciplina. Veremos agora as cidades do plano espiritual que são consideradas grandes.*

Admiraram-se. São muitas as colônias enormes.

— *Fui encarnado espírita e gostaria de ver a Colônia Nosso Lar, descrita pelo escritor André Luiz, no livro que tem o nome da colônia, obra que foi psicografada por Francisco Cândido Xavier* — pediu Edson.

— *Vou mostrá-la* — Daniel o atendeu.

Não somente Edson se admirou, mas todos os jovens.

Viram também algumas de outros países. Diferem-se na arquitetura e nos tipos de plantas. Em todas havia portões para entrada e saída, bem como proteção.

— *Agora veremos as que estão nos planos superiores. Estas colônias não têm proteção nem muros e não têm portões. São moradias de desencarnados que já passaram pelas muitas etapas evolutivas. Neste espaço, estão também as colônias de estudos superiores. Para ir a uma delas, temos de ter permissão ou sermos levados por aqueles que sabem ir. Nós as encontramos pela concentração. Pensamos nelas e para lá somos atraídos.*

— *Somente as encontram quem sabe mesmo se concentrar. Muito bom! Por isto elas não necessitam de proteção? Um desencarnado mal-intencionado não consegue encontrá-las?* — perguntou Pedro.

— *É isto mesmo! São locais encantadores. Veremos algumas.*

Todos se admiraram com as colônias que, embora simples, eram lindas.

— Daniel, pela estatística, vim a saber que a Aprendiz do Amor teve mais moradores anos atrás. Por que diminuiu? — curiosa, Lorena quis saber.

— A Colônia Aprendiz do Amor — respondeu o professor — foi projetada por engenheiros construtores há duzentos anos. Neste período, o número de seus moradores oscilou muito. No começo era uma cidade pequena, foi ampliada e teve, de fato, muito mais moradores. Isto porque a estatística do plano físico, que está relativamente correta, nos mostra que a população encarnada aumentou muito e, automaticamente, a desencarnada diminuiu. Isto em todo o plano espiritual.

— Incluindo a do umbral? — perguntou Edson.

— Sim — Daniel foi lacônico na resposta.

— Isto explica tanta violência entre os encarnados — concluiu Edson.

— Não se esqueça de que muitos espíritos bons também estão reencarnados — lembrou Daniel.

— Infelizmente, as más notícias ainda são as mais comentadas, elas dão ibope! — Camila suspirou.

— Está, então, mais fácil reencarnar? — indagou Sofia.

— Vendo por este ângulo, respondo que sim — Daniel sempre respondia elucidando. — Não existe regra geral na espiritualidade. Normalmente, os pedidos dos moradores das colônias e dos postos de socorro para voltar ao plano físico são estudados visando ao motivo. Uns demoram muito aqui, outros não. Eu estou desencarnado há oitenta anos e não planejo reencarnar logo. Um irmão meu ficou dois anos, pediu e foi atendido, se encontra reencarnado. O prazo para ficar no plano espiritual depende, e são muitos os motivos, cada um tem o seu.

— Quando encarnado, ouvi falar que a fila para reencarnar era longa. Isto é verdade? — perguntou Edson. — Existe fila? Não vi nenhuma no Departamento da Reencarnação.

— Esta fila, como imaginou, não existe e nunca existiu. O que acontece é que se faz o pedido, e o pedinte continua com seus afazeres, seja de estudos ou de trabalho, enquanto se planeja o que é melhor para ele. Uns esperam mais e outros são atendidos quase que de imediato. Cada caso é um caso, e todos são especiais.

— Conhecendo a Colônia Aprendiz do Amor e vendo outras pelos vídeos, senti que as conhecia — contou Lenita. — Depois, lembrei que, por duas vezes, quando estava muito doente, uma trabalhadora desencarnada do hospital me trouxe aqui para meu espírito descansar e ter forças. Isto foi muito bom!

— De fato, recebemos muitas visitas de encarnados. Não só de doentes, mas de pessoas boas que trabalham para o bem — esclareceu Daniel.

— Meus pais vieram me visitar — contou Edson.

Todos se admiraram.

— Isto foi possível porque você e sua família são espíritas? — Lenita quis saber.

— Esta visita foi possível — explicou Daniel — porque os pais de Edson compreenderam que esta separação é temporária, porque são pessoas caridosas, não se revoltaram e tudo fizeram para ajudá-lo a se adaptar aqui. O espiritismo é uma religião que esclarece e consola. Independentemente de religião, podemos tanto receber visitas aqui de pessoas que amamos como podemos visitá-las. Todos vocês, ao terminarem o curso, poderão receber visitas de seus familiares.

— Entendi — falou Lenita. — Os pais de Edson, sabendo desta possibilidade e por terem conhecimentos, puderam vir vê-lo. Minha família tem se interessado pelo espiritismo, espero que se dediquem ao estudo e possam vir me visitar. Conte, Edson, para nós, como foi esta visita.

— Foi muito alegre! Esperei-os no parque. Logo após papai e mamãe terem adormecido, o mentor de meu pai os trouxe. Abraçamo-nos e nos beijamos. Contei a eles que estava bem. Ficamos juntinhos por uns vinte minutos. Na despedida, mamãe enxugou umas lágrimas. Agradecemos a Deus a oportunidade. Eles foram embora consolados e contentes por me verem feliz. Com certeza não se lembrarão de tudo. Foi, para eles, um sonho lindo. Mas terão a certeza de que estou bem. Foi maravilhoso!

Nas aulas seguintes estudaram os postos de socorro.

— Estas casas de auxílio estão localizadas em espaços diferentes das colônias — ensinou Daniel. — Como o nome diz: são locais de socorro. São sempre menores do que as colônias, embora algumas sejam grandes. Localizam-se mais perto do plano físico: algumas se situam na zona umbralina, e outras estão acima das construções dos encarnados, em locais de orações, hospitais e cemitérios. Vamos vê-las por vídeos.

Atentos, viram, pela tela enorme na parede da frente da sala, as imagens projetadas destes locais tão importantes de auxílio. O instrutor continuou a elucidar:

— Este posto está acima de um hospital do plano físico. Os encarnados não o veem, o fazem somente alguns médiuns videntes. Vocês perceberam? As construções se unem. A construção espiritual é menor do que a física, mas, às vezes, são maiores. Vamos vê-la por dentro: aqui é a entrada, tem somente uma porta externa e uma proteção especial. Veem esta escada interna? É o elo interno entre as duas construções. Este posto, como quase todos os que fazem parte de hospitais, é dividido por alas, são muitas as enfermarias, e os quartos são grandes. Os trabalhadores normalmente são poucos para o tanto de trabalho. Em todas as áreas de socorro faltam servidores, e os que servem nos postos quase sempre moram neles, *têm lá seu espaço, local de descanso. São raros os postos que têm escolas, mas têm biblioteca, local de oração, salas de palestras e de música. Nos postos que fazem parte de hospitais, os abrigados estão para se recuperarem: muitos se encontram perturbados; outros, em estado lastimável; e alguns, logo que melhoram, estão aptos para vir a uma colônia. Este que estamos vendo serve para abrigar os recém-desencarnados, muitos tiveram seus corpos físicos mortos no hospital. A passagem deles por este local de ajuda é normalmente temporária.*

— *Eu desencarnei num hospital e não fui para o posto de socorro* — comentou Lenita.

— *Quando você desencarnou* — Daniel esclareceu —, *uma socorrista desencarnada, servidora do posto, desligou você da matéria morta, e você foi, sim, para o posto, estava dormindo. Ficou lá por horas e teve o merecimento de ir para a colônia.*

— *E se não tivesse merecimento?* — perguntou Lenita.

— *A desencarnação ocorre de muitas maneiras. Para as pessoas boas, sempre é um acontecimento agradável: podem ser desligadas, trazidas para uma colônia ou ficar num posto de socorro para ser ajudadas e orientadas.*

— *E os "mais ou menos"? Ou seja, as pessoas que não fizerem nenhuma maldade, mas também não fizeram atos bons* — Beto indagou curioso.

— *Mais ou menos!* — exclamou Daniel. — *O socorro será como ele foi, como agiu. Pode até ser socorrido, ficar num posto e aceitar a ajuda ou poderá sair e vagar. Mas estas pessoas sentem não ter feito o bem que poderiam. Veremos agora dois postos em locais de orações. Este está acima de uma igreja. Encarnados que lá vão e oram, rogando por ajuda, os trabalhadores socorristas tentam auxiliar. Costumam ir a estes locais desencarnados que sofrem, para pedir socorro, e aí são convidados a ficar no posto para ser auxiliados e receber orientação. Este outro faz parte de um centro* espírita. Observem como é grande: aqui, desencarnados sofredores e desorientados têm ajuda mais específica, porque podem receber esclarecimentos nos trabalhos realizados junto aos encarnados. Este é um posto num cemitério. Algumas pessoas, ao mudar de plano, não aceitam e ficam junto ao corpo físico, não querendo abandoná-lo. Estes socorristas tudo fazem para ajudá-los e também socorrem desencarnados que vagam por ali.

Conforme Daniel ia explicando, eles viam os vídeos.

— Este é um posto de socorro situado no umbral — mostrou o instrutor.

— Tudo é muito justo! — exclamou Alice. — Umbral é um local onde os que fizeram maldades permanecem por um tempo, não é? Uma pessoa má não pode receber a mesma coisa, ao desencarnar, que uma pessoa boa.

— Concluiu certo, Alice — concordou Daniel. — No plano espiritual não tem "jeitinho" ou se consegue algo ilicitamente. Para estar bem aqui no Além, tem de ter feito por merecer. Os postos do umbral têm muita segurança, os muros são altos, os portões são fortes, e o sistema de defesa é perfeito.

— O que notei é que, nos postos de socorro, os hospitais são grandes, ocupam a maior parte da construção — comentou Cássia.

— Por isto se chamam "postos de socorro". A finalidade é esta: ajudar quem precisa — concluiu Fernando.

— É isto mesmo — concordou Daniel. — Amanhã iremos excursionar nesta casa de amor que vimos no umbral. Vamos de aeróbus e aterrissaremos dentro dele. Este posto está localizado na zona umbralina, perto do plano físico. Iremos cedo e voltaremos à tarde, não terão a aula com a Márcia.

A turma aguardou ansiosa. No outro dia, no horário marcado, estavam no pátio esperando por Daniel. Ele veio de aeróbus. Convidou-os a entrar. Curiosos, ocuparam os lugares nas janelas. Viram de cima a colônia. Em seguida, voando rápido, viram somente o espaço: no começo, claro; depois, como num final de tarde. Trinta minutos depois, viram uma grande construção e deduziram ser o posto.

Lenita, observando atenta, deduziu:

"Estamos no horário da manhã; durante o dia, a claridade em volta do posto é escassa, e este abrigo se parece com uma estrela a brilhar. À noite, tudo é escuro, e o posto deve se parecer ainda mais com uma estrela. O caminho? Meu objetivo é encontrar o caminho das estrelas, dos postos e das colônias sozinha".

Chegaram, pararam no pátio, desceram e ficaram perto de Daniel, que os apresentou a três desencarnados que os esperavam.

— *Garotos, estes são os trabalhadores responsáveis por este local de amor.*

Depois dos cumprimentos, José, um dos responsáveis, os levou para conhecer o prédio.

— *Aqui é o pátio central!*

Os estudantes observaram e viram algumas árvores, pequenos canteiros de flores, alguns bancos e uma fonte que jorrava água de uma taça.

— *Ali* — continuou José mostrando — *é a nossa moradia, dos trabalhadores da casa; temos nosso espaço particular, biblioteca, sala de vídeos e uma maior, para encontros e reuniões. O restante da construção são as enfermarias.*

O grupo entrou e viu as salas, tudo simples, organizado e limpo.

— *Temos no momento* — informou José — *um grupo de dezoito estudantes da Colônia Aprendiz do Amor estagiando aqui, vieram para ficar noventa dias; dentro de dez, voltarão à colônia, e outro grupo virá nos ajudar. Eles são sempre bem-vindos, pois nos auxiliam muito. Temos, no momento, muitos internos.*

Depois de conhecerem a parte reservada aos trabalhadores, voltaram ao pátio. Observando o pequeno, mas simples chafariz, Edson disse a José:

— *Comparo você aqui, neste trabalho benemérito, com a água. Estou certo?*

— *De fato* — respondeu José —, *a água é fonte de vida. Esta fonte é de água pura; porém, se ela lavar algo sujo, limpa o objeto, mas fica impura, transfere para si a impureza do outro. Se tivermos de ser comparados, diria que seria com a luz. Porque a luz é incontaminável, ela pode penetrar em todos os lugares sujos, impuros, e continuar límpida. Nós tentamos ser puros no meio de impureza e não nos contaminar.*

José os levou às duas enfermarias onde os internos estavam melhores. Assim mesmo, o grupo ficou impressionado: viram desencarnados que sofriam. Após os estudantes que estagiavam no posto reunirem-se a eles, foram ao pátio e cantaram. A música, o canto, beneficiam os internos, alegrando-os. Alguns foram ao pátio e cantaram, outros ficaram somente observando.

Depois, foram ver os muros e o sistema de proteção, ouviram as explicações de José sobre como funcionavam. Tentaram ajudar o grupo de estudantes, e o dia passou rápido. Regressaram à tardinha.

— *Foi uma excursão muito proveitosa* — comentou Camila. — *O que tirei de proveito para mim é: nunca quero estar como interna num posto! Quero viver de tal forma para merecer ir sempre, ao desencarnar, para uma colônia. É também um local que não escolheria para trabalhar.*

— *Eu quero servir num posto de socorro no umbral* — afirmou Edson.

Foram descansar em seus quartos, e Lenita, naquela noite, orou pelos desencarnados que sofrem.

Desde quinta-feira a escola estava se preparando para as atividades de domingo. Iriam ao Educandário; lá haveria apresentações de corais, teatro e jogos. No sábado, grupos ensaiaram o dia todo e também se organizaram para os jogos.

— *Tudo isto* — comentou Vânia — *porque domingo é Dia das Mães. Penso que, com tantas festas que teremos no domingo, nós, os jovens e as crianças, não sentiremos tanto a falta de nossas mãezinhas.*

— *Adultos também estão se preparando para as festas* — observou Enzo.

— *Muitas são mães, e os filhos estão lá, encarnados* — lembrou Giovani.

Lenita até que quis parar um pouquinho para pensar na mãe, na família, mas eram tantas as atividades que, no sábado, quando deitou, orou, desejando que a mãe tivesse um dia feliz e adormeceu rápido.

No outro dia, domingo, ao acordar, orou e mandou abraços e beijos para sua mãezinha; levantou-se, reuniu-se com o grupo e foram para o Educandário.

Foi um dia maravilhoso. Conhecia, por meio das apresentações do coral, muitas crianças, e foi um prazer reencontrá-las. Conhecer o local onde as crianças moram foi prazeroso, tudo lá é colorido e alegre. Jovens e crianças passaram o dia em atividades, jogos, danças, teatros, brincadeiras, músicas e apresentações de corais. Lenita viu, durante o dia, um jovem e duas crianças tristes, uma delas chegou a chorar e dizer "mamãe". Imediatamente, uma orientadora veio para ajudá-las e tudo voltou a ficar bem. Voltaram à noite cansados, contentes e foram dormir.

"Nem sei como foi o dia de mamãe", pensou Lenita. *"Espero que não tenha sido triste. Foi muito bom os organizadores terem*

feito estas atividades. Não deu tempo para me entristecer. Estou tão cansada!"

Orou e dormiu.

O estudo continuou cada vez mais interessante. Por vídeos, viram pessoas mudarem de plano. Entenderam que as desencarnações se diferem muito. Viram desencarnados vagando e entenderam que muitos podem ficar imprudentemente perto de encarnados.

— Hoje — informou Daniel — *vamos ver vídeos sobre o umbral. Digo a vocês, meus alunos, que esta zona umbralina existe porque ainda, infelizmente, há quem a povoe. Lá existem moradores desencarnados que se afinam com o lugar e afirmam estar bem. Lembro-os de que gostos se diferem, podemos ter escolhas, estejamos encarnados ou desencarnados. Enquanto alguns se sentem castigados ao serem privados de estudar, outros pensam que estudar é um castigo. Uns preferem locais de orações; outros, de badernas. Muitos ficam felizes em lugares calmos e de paz; infelizmente, há os que se alegram com a violência. Há, nos umbrais, desencarnados moradores que não querem, no momento, mudar sua forma de agir, mas lá estão também muitos espíritos que sofrem. Por terem vivido imprudentemente, ao mudarem de plano, são atraídos para estes vales. O sofrimento de muitos é atroz, porém temporário; ao se arrependerem, podem clamar por socorro e são acolhidos em postos de socorro como aquele que visitamos. Vamos ver o vídeo. Primeiro, veremos o umbral em volta de um posto.*

O vídeo foi ligado, apareceu o posto e o local em sua volta. Embora sendo dia, o local tinha pouca luminosidade. Viram caminhos de terra, pedras, lamas.

Lenita sentiu-se mal. Veio à sua mente ela ali, num local sujo, perto de uma pedra, chorava aflita, tudo lhe doía, sentia por estar suja, com fome e sede, e se arrependia de uma ação má que fizera.

De repente, chorou alto. Daniel desligou o aparelho, aproximou-se dela, pegou em sua mão e a levou para fora da sala. Foi com ela ao pátio.

— *Acalme-se, Lenita! O que aconteceu?*

— *Ao assistir ao vídeo, tive a sensação de estar lá e sofrer muito.*

— *Foi somente uma lembrança* — Daniel tentou tranquilizá-la. — *Vou deixá-la aqui e pedir para Consuelo lhe dar uma lição de volitação. Não assistirá mais, por enquanto, nada sobre o umbral. Você está bem agora?*

— *Estou! Obrigada!*

Lenita ficou com Consuelo, fez uns exercícios, e a instrutora volitou devagar pelo pátio com ela. Lenita se esqueceu da sensação ruim que sentiu e se deliciou com a aula.

Daniel continuou com o estudo sobre a zona umbralina. A turma assistiu a vários vídeos sobre o assunto. Viram as cidades e perceberam a diferença entre estas e as colônias. As moradas do umbral eram um aglomerado sem ordem e não tinham hospitais, mas prisões. Viram cavernas e muitos lugares sujos. Todos se entristeceram ao ver este local de dor, porque ali estavam muitos espíritos em sofrimento. Também viram o trabalho dos dedicados socorristas. Edson e Fernando planejavam ser socorristas e trabalhar no umbral.

Daniel continuou com o estudo, mostrando as muitas formas de ser útil no plano espiritual.

— *Pode ser professor, ajudante, servir na área de saúde etc. Trabalhar com desencarnados e ajudar encarnados... O importante é se dedicar ao que estiver fazendo, começando nas pequenas tarefas, para ser útil nas grandes.*

Excursionaram novamente pela colônia: na escola, foram às salas de aulas, ao refeitório, à biblioteca e depois ao prédio dos departamentos; e, no hospital, viram as tarefas dos muitos servidores dedicados.

— *Vimos* — falou Daniel — *muitos trabalhadores em diversas atividades. Vamos ver outras formas de ser úteis por vídeos. Aqui estão socorristas nos hospitais dos encarnados. Vejam estes ajudando no cemitério. Aqui estão outros auxiliando num centro espírita.*

— *Puxa!* — exclamou Sérgio. — *São muitas mesmas as maneiras de ser útil! Com certeza irei gostar de uma. Se me perguntar agora o que quero fazer, respondo: aprender a trabalhar num hospital aqui no plano espiritual.*

Cada um deles falou de um trabalho. Daniel sabia, pela experiência, que muitos mudariam de ideia. Lenita estava muito indecisa: ora queria trabalhar no Educandário, ora estudar Medicina, ora ser instrutora de volitação.

— *Logo terminarão este curso e poderão escolher. Se optarem pela sua continuação, o farão junto com adultos e, nesse estudo, terão aulas teóricas, mas as práticas serão em maior quantidade: irão visitar outras colônias, estagiar em postos de socorro, andar pelo umbral auxiliando os socorristas, estar com encarnados e auxiliá-los. Conhecerão muitos lugares e estarão sendo úteis estudando. Mas, após este estudo, se preferirem trabalhar, poderão escolher uma tarefa. Fazendo também se aprende!*

Daniel terminou suas aulas.

7º capítulo

As aulas de Márcia

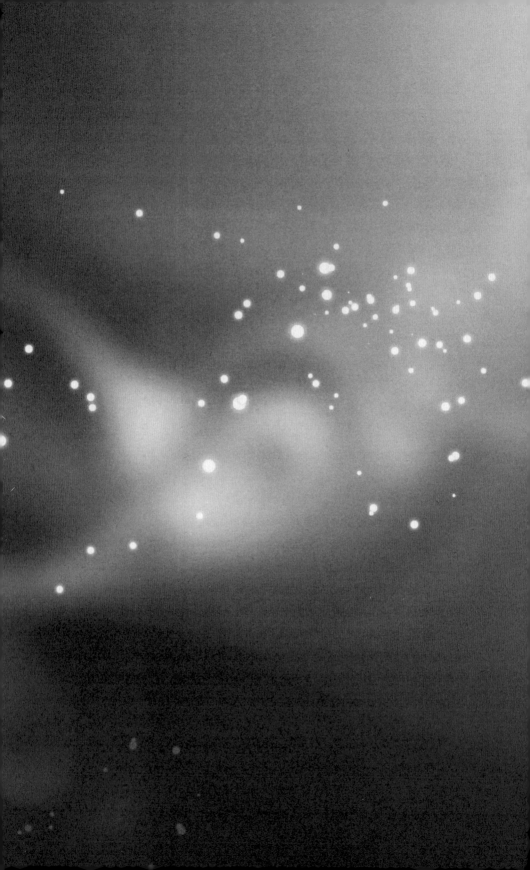

Márcia ficava com eles à tarde e dividia sua aula. Primeiro começava com a leitura do Evangelho. Um dos alunos lia um texto e comentava. Nada como escutar opiniões para compreender um assunto. A professora escutava-os e, no final, dava a sua conclusão, com a qual todos concordavam. Não falavam de religião. Estudavam os ensinamentos de Jesus. Isto era feito todos os dias, de trinta a quarenta minutos. Era realmente um estudo interessante. Depois, oravam, fazendo preces espontâneas e sempre se pedia pelos familiares encarnados. Os textos lidos dos Evangelhos estavam contidos na Bíblia.

Lenita gostava dos comentários de Márcia, que eram de quem já lera muito e raciocinava. Ela gostava deste estudo.

Na última parte da aula, normalmente também de trinta a quarenta minutos, a orientadora lia mensagens de mestres espirituais e as explicava. O assunto era esclarecedor, consolador e otimista. Os estudantes podiam trazer livros que pegassem na biblioteca para ler um texto que achassem interessante e comentar. Era sempre a orientadora quem dava a conclusão.

No decorrer da aula, os alunos podiam falar sobre seus problemas. Era uma terapia em grupo. Sabiamente, Márcia não somente ajudava quem dava o depoimento como também, com suas explicações, esclarecia a todos.

Os quinze alunos ainda comentavam muito sobre suas desencarnações. O primeiro a falar foi Fernando.

— *Desencarnei muito de repente! Gosto daqui, sou grato pelo que tenho recebido, mas não queria ter mudado de plano, queria estar encarnado com minha família. Sempre fui bonzinho. Não riam, garotos! É sério! Não me lembro de ter feito nenhuma maldade. Fui bom neto, filho, os amigos gostavam de mim. Aplicado na escola, minhas notas eram boas. Com dezesseis anos, estava terminando o ensino médio e me preparava para cursar uma universidade. Planejava estudar engenharia de produção. Namorava a Elaine, uma garota muito bonita, ela estudava comigo. Nós dois tínhamos os mesmos gostos e estudávamos muito. Tudo estava certo em minha vida. Num segundo, tudo mudou. Estava num treino de futebol, jogava com os amigos num domingo pela manhã. No meio da partida, fiquei zonzo, parei de correr, senti uma dor tão forte no peito que não consegui falar, caí de joelhos e, em seguida, de bruços. Escutei dos meus colegas, que pensaram que estava brincando: "Fer, qual é? Está com medo da bola? Levante! Não é hora de brincadeira! Pegue a bola!". E depois: "Fernando, o que aconteceu? Vamos virá-lo! Meu Deus! Ele não está passando bem. Chamem o médico! A ambulância!". Não os escutei mais. Vi uma luz. Ela me atraía, puxava. Levantei, flutuei no chão, entrei num túnel. Vi dois vultos perto de mim. A dor passou e me senti seguro. Suavemente, passei pelo túnel e adormeci. Acordei num leito no hospital. Ao acordar, lembrei-me de modo confuso do que me acontecera; depois, recordei-me de tudo. Tive problemas de adaptação pela inconformação de meus pais e avós. Era filho único. Foi muito bom vir para a escola; tendo muitas atividades, desliguei-me um pouco deles. A vida continua! Miguel me contou que meu corpo faleceu por um infarto fulminante. Que todos sofreram muito e, se quisesse suavizar a dor deles, ajudá-los, deveria me adaptar e mandar a eles pensamentos de que estava bem. Tentei, esforço-me para fazer o que me foi recomendado. Minha família está conseguindo superar.*

Aproveitando que Fernando fizera uma pausa, Vânia perguntou:

— *Você estava doente? Sentia alguma coisa?*

— *Nada. Era saudável. Tivera somente umas gripes. Uma vez quebrei o pé ao cair da bicicleta. Miguel me contou que fizeram autópsia no meu corpo físico e que havia sido meu coração que parara por um infarto. Tem de ter motivos para falecer. Voltei ao plano espiritual no tempo previsto.*

— *Fernando, você sabe o porquê de ter voltado ao plano espiritual desta forma?* — perguntou Lenita.

— *Sim, Miguel me contou. Fiquei no hospital por seis meses. Isto porque o pessoal lá de casa estava inconformado. Catarina, a bondosa socorrista, foi quem nos ajudou, foi consolá-los. Eles melhoraram e vim estudar. Respondendo à sua pergunta, Lenita, para que eu entendesse que sempre existem respostas para as perguntas, Miguel foi saber para mim. Ele me explicou que, na minha encarnação anterior a esta, suicidara-me por causa de uma namorada. E que esta moça reencarnara também: é a Elaine, a minha namoradinha, que está lá, encarnada. Não me recordei, penso que não tenho ainda estrutura para isto, mas sinto ser verdade. Miguel me contou que, quando me suicidei, sofri as consequências do meu ato impensado e que, depois de recuperado, pedi para reencarnar e aprender a lição: amar a vida encarnada e a ela dar valor.*

— *Alguém aqui voltou desta vez ao plano espiritual pelo suicídio?* — perguntou Ana Luiza.

Todos negaram. Ana Luiza, querendo aprender, indagou a Márcia:

— Onde estão os suicidas? Tive um colega de classe que se matou. Tenho conhecimento de muitos jovens que cometeram esta imprudência. Para onde eles foram?

— Vocês devem ter entendido que reunimos, para fazer este estudo preliminar, grupos homogêneos. Vocês quinze são jovens que não provocaram a morte do físico, foram pessoas boas encarnadas, mereceram ser socorridos e vieram para cá. Todos os suicidas agiram erroneamente e, para este ato, tiveram motivos. E são estes os motivos que atenuam ou não seu sofrimento. A maioria dos que agem assim, imprudentemente, quer se livrar do problema que o martiriza no momento, porém, com a morte de seu corpo físico, este não se resolve e surgem outros normalmente piores.

— Existem motivos justificáveis para o suicídio? — perguntou Fernando. — Eu, na minha encarnação passada, dei um tiro no peito por ser desprezado pela mulher que amava. Pensei que ela iria se arrepender por ter me desprezado e sofrer, mas fui eu quem sofreu. Com certeza, arrependi-me desta imprudência.

— Com certeza se arrependeu — concordou Márcia. — Lembro-o de que o remorso é muito dolorido. Mesmo quem pensa como você, que seu ato irá fazer pessoas sofrerem, logo entende que quem mais sofre é ele mesmo, o suicida.

— Pirraça infeliz! — exclamou Camila.

— Se o suicídio — falou a orientadora — for cometido num impulso, quando sentem que continuam vivos, querem voltar, ter sua vida física de volta, e isto é impossível. Aí se arrependem e sofrem.

— Começo a entender — interrompeu Fernando. — Antes de reencarnar, devo ter feito um propósito de amar a vida encarnada, porque, com certeza, tinha medo de voltar a me suicidar. Ainda bem que não cometi esta imprudência novamente! Amei a vida no plano físico, dei valor ao meu corpo físico, me cuidei e ainda amo...

Fernando chorou. Márcia o consolou. Pediu para ele ficar após o término da aula para conversar.

No outro dia, Fernando contou aos colegas:

— Márcia me consolou. Afirmou que a vida continua. Que deveria me alegrar por ter aprendido a lição e que tenho de amar a vida onde quer que esteja, lá ou aqui. Que não devo me queixar para não assustá-los.

Assim que terminaram o estudo do Evangelho, Sofia perguntou curiosa:

— Quando nos suicidamos, na próxima encarnação, desencarnaremos com a idade que tínhamos ao nos matar?

— Não! — respondeu Márcia. — No plano espiritual, não existe regra geral. Penso que, com Fernando, aconteceu por escolha; ele, quando se suicidou, era jovem, e descarnou nesta jovem também. Uma aluna minha, em sua encarnação anterior, havia se suicidado com vinte anos; nesta última, mudou de plano aos oitenta anos. Foi uma pessoa ativa no bem, ajudou muitas pessoas com tendências suicidas com conselhos, evitou que muitos cometessem este ato impensado. Temos sempre oportunidades de reparar nossos atos imprudentes fazendo o bem. Tentar ser útil foi escolha dela e conseguiu.

— Para termos desencarnado jovens, pelo visto, devem existir motivos! — Sofia suspirou.

— Pode ser também que tivéssemos de ficar por pouco tempo lá e voltar à Pátria Verdadeira. Talvez lá tenha sido um resto de pena! — exclamou Edson.

— Com certeza, para alguns de vocês, pode ter ocorrido isto! Para tudo existe motivo! — exclamou Márcia.

— Ontem falamos de suicídio. Aqui na escola tem alguém que se suicidou? Não foram dadas as justificativas — lembrou Sofia.

— As justificativas — respondeu Márcia elucidando — valem apenas em casos especiais, isto porque temos nosso livre-arbítrio e poder de escolha. Cometer este ato estando obsediado pode ser atenuante. Porém, lembro-os de que ser obsediado desta forma *acontece por vingança, e a vítima daquele momento foi, com certeza, o carrasco de outrora. Nenhuma obsessão chega a este ponto se o obsediado não fez maldades. Por doenças mentais, às vezes o doente está tão transtornado que não é capaz de discernir seu ato. Em cada caso é avaliado o motivo. Normalmente, os que desencarnam pelo suicídio se agrupam em locais do umbral que são conhecidos como Vale dos Suicidas. São auxiliados pelos socorristas que trabalham na zona umbralina e, quando estes bondosos trabalhadores sentem que o espírito sofredor pode receber uma ajuda maior, eles o levam para hospitais em colônias próprias ou em colônias como a em que estamos, em alas separadas, no hospital. Temos, no Aprendiz do Amor, uma ala onde ex-suicidas são abrigados. Miguel é também o coordenador desta ala.*

— Este Miguel é o cara! — exclamou Pedro.

Riram e concordaram.

— *Continuando a explicação* — Márcia voltou a falar —, *depois de ficar no hospital, o tempo de permanência é variável: podem escolher trabalhar, estudar ou reencarnar. A maioria volta assim que possível ao plano físico.*

— Todos se recuperam? — Alice quis saber.

— *Infelizmente não. Alguns, pelo remorso destrutivo, não conseguem se harmonizar e reencarnam. Na matéria física, recebem a bênção do esquecimento e não sofrem mais pelo remorso.*

— Isto explica muitas doenças, não é? Principalmente as mentais — opinou Lorena.

— *Não podemos generalizar, são muitos os motivos para ter determinada enfermidade* — respondeu a orientadora.

— Jovens e adultos que se suicidaram são tratados aqui do mesmo modo? — perguntou Sofia.

— *Não. Os jovens recebem mais atendimento porque normalmente são mais impulsivos, não pensam muito no ato que cometeram. Muitos pensam que seu ato irá fazer sofrer quem ele julga no momento estar lhe maltratando; poucos pensam que estão matando sua vestimenta carnal. Adultos têm mais entendimento e por isto mais responsabilidade pelo que fazem.*

— O assunto é deveras interessante — exclamou Fernando.

— *Sofri muito quando cometi esta imprudência e aprendi a amar a vida encarnada, agora vou me esforçar para aprender também a amar a vida desencarnada. Vou contar a vocês uma curiosidade. Elaine e eu namoramos no passado, ela não me quis mais e me suicidei. Naquela época, ela não sentiu minha morte, me esqueceu logo. Nesta reencontramo-nos, namoramos, eu desencarnei, e ela sofreu, mas tudo passa. Leandro, um amigo meu, nosso, consolou-a tanto que estão namorando. Aborreci-me ao saber, porém esforço-me para entender e aceitar.*

Fernando foi o primeiro a falar. Era, do grupo, o que mais sentia ter desencarnado. Márcia lhe dava mais atenção. Ele melhorou quando foi jogar futebol no Educandário e ensinar a garotada. Quando o curso terminou, ele estava bem.

Lenita contou sua desencarnação, agradeceu novamente por ter o braço de volta e afirmou:

— Quero ser útil com minha mão! Penso em estudar muito aqui e, quando reencarnar, estudar para ser uma médica-cirurgiã.

— Dá certo fazer planos para o futuro? Este não é incerto? — perguntou Beto.

— Vocês — elucidou a professora — com certeza mudarão de ideia ainda aqui na colônia, planejarão trabalhar num setor e, ao conhecer outro, desejar outra tarefa. Fazer planos é sempre bom; contudo, o que não se pode é deixar tudo para depois, e este depois não se tornar presente. Com certeza ainda é muito recente a mudança de vocês para decidir. Podem planejar. Lembro, Lenita, que podemos ser úteis com as mãos em diversas oportunidades e profissões. Um carpinteiro que faz uma cadeira, um escritor ao escrever algo edificante, a cozinheira que mexe com o alimento etc. Vou ler para *vocês um poema de que gosto muito. É de Amélia Rodrigues, que os encarnados têm o privilégio de ler pela psicografia de Divaldo Pereira Franco, que o recebeu em Buenos Aires, na Argentina, em 21 de novembro de 1962. Chama-se "Poema da Gratidão". Vocês podem lê-lo. Agora vou ler somente a parte que se refere às mãos: "Obrigada, Senhor, por estas mãos, que são minhas/ alavancas da ação, do progresso, da redenção./ Agradeço pelas mãos que acenam adeuses,/ pelas mãos que fazem ternura,/ e que socorrem na amargura;/ pelas mãos que acarinham,/ pelas mãos que elaboram as leis/ e pelas que as feridas cicatrizam/ retificando as carnes partidas,/ a fim de diminuírem as dores de muitas vidas!/ Pelas mãos que trabalham o solo,/ que amparam o sofrimento e estancam lágrimas,/ pelas mãos que ajudam os que sofrem,/ os que padecem.../ Pelas mãos que brilham nestes traços,/ como estrelas sublimes fulgindo nos meus braços!".*

Admiraram o poema, e Lenita mais ainda.

Ao terminar a aula, Camila comentou com Lenita:

— *Estou pensando em ser professora. Sei que terei de estudar muito. Tenho como exemplos Márcia e Daniel, eles sempre nos respondem com coerência. Se não mudar de ideia, vou ser professora.*

Camila também contou como foi sua mudança de planos.

Alice falou de si.

— *Levei, ao reencarnar no corpo físico, uma enfermidade. Nasci doente. Passei uma infância enferma. Isto porque fiz algumas maldades na minha outra encarnação; não sei o que fiz nem quero saber. Na minha desencarnação anterior, no período que estive no plano espiritual, não consegui me recuperar, porque não consegui superar o remorso. Penso que foi um alívio, uma bênção, ter reencarnado. Embora desconfortável pela enfermidade e sentir dores pelo tratamento, fui uma criança alegre e risonha. Entre nove a treze anos, passei melhor. Estudei porque uma tia, que é professora, me dava aulas. Aí apareceu uma segunda doença, um tumor nos rins. Por meio de uma cirurgia dolorosa, retiraram meus dois rins. Passei a fazer hemodiálise. O câncer se espalhou, tive uma metástase e desencarnei. Confesso que foi um alívio para mim me livrar das dores e também para minha família, porque eles sofriam por me ver padecer. Eles acreditavam que a desencarnação seria melhor para mim. Realmente foi! Conformaram-se, e esta atitude me auxiliou na minha mudança de plano. Aqui, maravilhei-me por me sentir sadia. Se um dia estiver preparada, irei saber o que fiz na minha outra existência; por enquanto, saber somente isto me basta. Sou muito grata por ter tido a oportunidade de aprender, mesmo sendo pela dor e por não existir um inferno eterno. Não gosto de lembrar o período encarnada, aqui é tão bom! Uma coisa é certa: vou sempre dar valor ao corpo, tanto o físico como o perispiritual, tanto meu como de meu próximo. Amo a vida!*

Cássia contou:

— *Também desencarnei por doença. Tenho dois irmãos, um deles tem Síndrome de Down. Eu era sadia e adoeci. Tive meningite, demoraram para diagnosticar a doença; por um erro médico, piorei e desencarnei. Miguel me contou que vim no tempo certo. Vovô e titio, que estão aqui há anos, me ajudaram. Gosto de morar com eles, os dois me agradam. Sabe o que escutei de alguns dos meus familiares? "O deficiente continua vivo; a outra, que era sadia, morreu!" Fiquei indignada ao ouvir isto. Amo meus irmãos!*

— *Ninguém é deficiente por acaso. O acaso tem caso! Não é, Márcia?* — indagou Vânia.

— *É isto mesmo!* — respondeu a orientadora do grupo. — *Para tudo existem explicações. É bom retornarmos ao plano espiritual no tempo previsto e...*

— *É verdade que podemos esticar este prazo ou abreviá-lo?* — perguntou Edson, interrompendo a professora.

— Sim — respondeu Márcia —, algumas pessoas programam de voltar com certa idade, porém pode ser que, sendo úteis encarnadas, este tempo se prorrogue para que continuem a fazer suas tarefas ou realizem outras. Também pode ser que, ao abusar do corpo físico, este possa ter a falência antes do tempo. Exemplo: o alcoólatra, o toxicômano, o fumante etc.

— Para onde vão os que foram deficientes intelectuais? Os deficientes físicos se recuperam ao desencarnar? — quis saber Sérgio.

— Miguel foi, quando encarnado, deficiente visual e, logo que desencarnou, enxergou — contou Lenita.

— Se a deficiência ou a doença for somente do corpo físico, quando este falece, o perispírito se torna sadio — opinou Edson.

— E se o perispírito continuar doente? — perguntou Giovani.

— Reencarna doente — concluiu Enzo.

— As oportunidades — elucidou Márcia — de se reparar erros fazendo o bem, todos nós temos. Lembro que podemos ter enfermidades para provar que somos capazes de passar por dores e não nos revoltar, aprender a ser pacientes etc. Aquele que não se perdoa e julga que tem de sofrer sente remorso destrutivo que, ao reencarnar, pode transmitir ao corpo físico esta desarmonia. Uma pessoa que, encarnada, teve deficiências será, ao desencarnar, socorrida se fez por merecer. Se não foi uma pessoa boa, poderá vagar, ir para o umbral como qualquer outro que agiu indevidamente. Continuar deficiente no plano espiritual irá depender de sua atitude. Se for para o umbral, desencarnados moradores podem ajudá-lo se isto for do interesse deles. Ou ele mesmo, sabendo que está desencarnado, pode enxergar, andar etc. Pode fazê-lo por entender que a deficiência era do corpo carnal. Mas, se for socorrido, rapidamente se recupera. O deficiente mental normalmente é socorrido, isto porque, reencarnado, não teve discernimento para agir errado nem para fazer o bem. Porém, teve um período de aprendizado. No plano espiritual, tornam-se sadios e podem escolher estudar, trabalhar ou reencarnar. Mesmo os que desencarnaram adultos quase sempre vão por um período para educandários ou para alas próprias em hospitais de colônias.

— Ainda bem! — exclamou Cássia. — Meu irmão é tão bonzinho! Na próxima reencarnação não será mais deficiente, não é?

— Não posso generalizar — respondeu Márcia. — Provavelmente não. Mas aí ele terá de provar a si mesmo que não fará novamente o que fez para desarmonizar.

— Cássia, você contou que estava hospitalizada e que piorou por erro médico. Você o culpa? — perguntou Ana Luíza.

— Não o culpo — respondeu Cássia. — Minha família pensou em processá-lo. Este médico me examinou rápido, não prestou atenção. Quando piorei, fui atendida por outro que fez de tudo para me ajudar, mas não conseguiu. Vim a saber que o segundo médico é dedicado à sua profissão, estava trabalhando havia doze horas e, mesmo cansado, me atendeu com atenção; ele é incapaz de atender indevidamente um paciente. O primeiro médico, quando me examinou, estava também cansado e com muitos problemas particulares. Quando soube do meu falecimento e que cometera um equívoco, ficou sentido. Infelizmente isto tem ocorrido: médicos cansados, com problemas e que não são dedicados erram seus diagnósticos. Meu pai conversou com ele, lhe deu uma lição de moral e desistiram de processá-lo. Espero que ele seja mais atencioso. Eu, quando encarnada, sentia que voltaria jovem para o plano espiritual. Falava muito isto, meus comentários eram espontâneos. Sinto que aqui é o meu lar. Alegro-me por estar de volta e sou grata a todos que me auxiliaram. Quero ficar bem, tenho me esforçado para aprender a ser útil. Desejo retribuir o bem que recebi desta família que me recebeu ajudando-os quando desencarnarem.

— E se você não tivesse perdoado e quisesse se vingar, o que teria acontecido? Isto pode ocorrer, não é? De os desencarnados quererem se vingar — Sofia quis saber.

— Se isto tivesse ocorrido, Cássia não estaria aqui — opinou Edson.

— Vim a saber que isto acontecera dias depois de ter acordado no hospital aqui da colônia — falou Cássia. — Senti meus familiares pensando, e Miguel não só me contou como também conversou comigo, me aconselhou a esquecer este fato, perdoar e me concentrar na nova vida que teria. Fiz isto. Foi o certo!

— Foi mesmo! — elucidou Márcia. — Ser socorrido de imediato, logo após o corpo físico ter parado suas funções, é merecimento. Muitos, ao desencarnar, têm esta oportunidade de ter desligados seus espíritos dos corpos carnais mortos e ser levados para postos de socorro; podem, ao despertar, pelo livre-arbítrio, ficar, sair ou ir vagar. Cássia teve esta opção. Mesmo aqui na colônia, recuperando-se em nosso hospital, ela poderia sair e ir para perto da família ou obsediar o médico querendo se vingar. Nas duas situações, ela se perturbaria e sofreria muito. Junto de familiares, ela inconscientemente sugaria energia deles e, se entre eles houvesse algum médium, seria o mais prejudicado, porque ela, sentindo-se melhor perto desta pessoa, a deixaria fraca. Quanto a obsediar o médico, poderia ser que isto ocorresse ou não. Poderia ser que, se ele não aceitasse, isto tornasse a obsessão mais difícil ou que ele tivesse um protetor que impediria. Este médico pode ter sido negligente, mas com certeza não teve a intenção de ser a causa de morte de alguém.

— Agora entendo o motivo de ter dormido tanto! — exclamou Camila. — Porque, se não tivesse tido esta bênção, seria perigoso meus pais me chamarem e eu sair do hospital, da colônia, e ter ido para casa. Como recebemos! Que ajuda preciosa tivemos!

— Escutando o que aconteceu com a Cássia, concluo que o melhor é ter uma profissão que não represente tanta responsabilidade! — opinou Lorena.

— *O melhor* — elucidou a orientadora — *é fazer tudo o que nos cabe com atenção e pensando sempre: se fôssemos o outro, como gostaríamos de ser tratados.*

Todos concordaram.

Lenita estava gostando demais das aulas da Márcia. Falar de si foi um bálsamo, e escutar os colegas eram lições preciosas.

8º capítulo

Outros relatos

Vânia contou:

— Senti muito por ter nascido negra, somente aceitei este fato na adolescência. Criança, sentia por ter a pele escura. Não conheci meu pai, mas sabia que ele era negro. Mamãe era solteira e morena. Morávamos com a minha avó, que era morena. Meu avô desencarnou quando era pequena. Sempre tive bonecas brancas, não queria as negras. Brincava muito sozinha e, nas minhas brincadeiras, eu era linda, branca e usava vestidos longos. Agora entendo que, por não me aceitar, magoava-me sempre com atitudes dos meus colegas de classe e de amigos da vizinhança. Se não me deixassem fazer o que queria, chorava e pensava: "É porque sou negra!". Talvez por isto os garotos rissem de mim. Penso agora que, embora houvesse preconceito e sofresse com ele, isso ocorria mais por ser chata e chorona. Muitas vezes lamentei por ter nascido negra, dizia isto à minha mãe e indagava porque nascera com a pele escura. Ainda bem que me arrependi, pedi perdão à mamãe por tê-la aborrecido, e ela me perdoou.

— Com certeza — opinou Edson —, *muitos de nós passamos por isto, de termos sido ofendidos por indelicadezas ou brincadeiras de outras pessoas sobre nós. Eu cresci muito e rápido, era magro, e os garotos riam de mim. Zoavam uma amiga porque usava óculos. O importante é não se importar com nenhum tipo de preconceito.*

— Eu — contou Camila — *vomitava muito e, na escola, quando sentia que ia fazê-lo, saía rápido da sala e ia ao banheiro, mas às vezes não dava tempo e, por três vezes, vomitei na classe. Ninguém queria se sentar ao meu lado, e as meninas conversavam comigo mais afastadas. Não queria que aquilo acontecesse, de vomitar, sentia vergonha e me aborrecia com as atitudes delas, mas entendia, ninguém queria se sujar. Implorei para papai me tirar da escola, não queria mais ir. Meu pai me atendeu, e dois professores me davam aulas em casa.*

— Conhecia, desde pequena — falou Lenita —, *um dos meus coleguinhas de classe, sempre estudamos juntos, ele também era meu vizinho. Dizíamos que namorávamos. Brincadeira de criança. Fiquei doente, pensei que a amizade continuaria. Quando, após a primeira cirurgia, foi cortada minha mão e, por causa do tratamento, fiquei sem meus cabelos, ele passou a me tratar de modo diferente. Embora me sentisse observada por todos, não me importei e continuei agindo normalmente. As meninas faziam questão de me ajudar, copiavam a matéria para mim e, se faltasse, iam à minha casa para me passar o que havia sido dado na aula. Pensei que continuava sendo a namoradinha dele. Costumávamos mandar bilhetes, balas e bombons um para o outro. A maioria dos colegas fazia esta troca. Mandei a ele um bombom, e ele não retribuiu; na segunda vez, mandei um pacotinho de balas. Ele as mandou de volta com um bilhete que dizia somente: "Lenita, não quero mais receber nada de você". Segurei-me para aparentar tranquilidade, que não me importara, mas, ao chegar em casa, chorei muito. Uma amiga me contou que ele comentara que não queria mais me namorar por estar doente e sem a mão. As amigas, colegas de classe, foram se distanciando. Quando parei de ir à escola, somente duas ainda me visitavam.*

— Você ficou magoada com ele? — perguntou Lorena.

— *Por dias fiquei triste* — respondeu Lenita —, *mas passou; o tratamento me deixava muito desconfortável para me aborrecer com a atitude dele. Depois compreendi e esqueci. Lembrei isto agora por causa do relato de Vânia.*

Todos olharam para Vânia, convidando-a a continuar a contar sua história de vida. E ela falou:

— *Quando encarnada, às vezes me via branca, adulta, com belos vestidos. Sentia tanto ser branca que chegava a me assustar ao me ver negra. Tive, no corpo físico, visões de minha encarnação passada. Estava com três anos quando mamãe soube que eu era diabética. Até ficar maiorzinha, não entendia e somente chorava por tomar tantas injeções. Quando percebi que não podia comer muitas coisas foi que senti ser doente. Queria me alimentar como as outras crianças, sentia vontade. Vovó e mamãe faziam de tudo para me controlar. Aos dez anos, peguei escondido dinheiro de minha avó, fui a uma doceria, comprei e comi muitos doces. Horas depois, passei mal, contei o que fizera, e mamãe me levou ao hospital, onde fiquei internada. Então compreendi a gravidade de minha doença. Na minha infância e adolescência, passei muita vontade de comer doces, alimentar-me igual às outras pessoas. Ficava muito sozinha em casa, pois vovó e mamãe trabalhavam. Ia à escola pela manhã e à tarde permanecia no nosso lar, estudando e fazendo todo o serviço: limpava, lavava roupas e fazia o jantar. Era ótima aluna. Desencarnei após ter completado quinze anos. Numa tarde, logo após o almoço, escutei um zumbido no nosso pequeno quintal, fui ver o que era e vi um enxame de abelhas procurando um local para fazer uma colmeia. Elas entraram numa caixa que vovó deixara num canto para ser usada mais tarde. Resolvi espantá-las, tirei a caixa, e algumas abelhas me ferroaram, doeu muito. Elas foram embora. Passei álcool no local das ferroadas, que começaram a inchar. Além de sentir dor, fiquei indisposta, mas não dei importância, julguei que era natural; afinal, haviam sido sete ferroadas. Parei de arrumar a cozinha, resolvi me deitar um pouquinho. Piorei. Achei que iria melhorar logo, só que piorei e não consegui pedir socorro. Parei de respirar e desencarnei. Só soube que era alérgica aqui quando Miguel me contou.*

Vânia fez uma pausa. Ao ver todos atentos, continuou:

— *Mamãe e vovó sentiram muito minha desencarnação, e Catarina também as ajudou. Aqui, no hospital, as recordações de minha outra encarnação passaram a ser frequentes, lembrava de fatos nitidamente. Miguel me levou ao Departamento da Reencarnação, e Sônia me ajudou a organizar as lembranças. De fato, fui branca na minha outra existência, meu marido era um fazendeiro e tinha muitos escravos. Não o amava nem gostava de viver na fazenda. Não me importava com os negros. Acreditava no que a igreja afirmava: que os negros não tinham alma. Meu esposo não era mal com os escravos. Para mim, eles eram como animais. Eu gostava de me alimentar na varanda da casa-grande. Os escravos me viam, alimentando-me de doces, carnes etc. Alegrava-me por vê-los me olhando e ficando com vontade; se não era feliz, os outros não tinham por que ser. Muitas vezes, as crianças me olhavam com os olhos suplicantes, lembro que algumas até babavam. Não ligava. Gostava também de mel, ordenava aos negros que fossem pegá-lo para mim e não os deixava fazer fumaça. Não me importava se fossem ferroados. Foram estas as lembranças que tive. Não fui feliz, não fui amada, não amei. Tive dois filhos, que foram criados pelas amas. Com trinta e quatro anos fiquei enferma por seis meses e desencarnei. Senti muito remorso quando entendi que negros eram seres como os brancos, todos tinham almas e que, pela reencarnação, podemos passar por diversos estágios. Fui socorrida; quando adaptada, fui trabalhar num posto de socorro no umbral, onde estive por muitos anos. Porém, não me esquecia destes dois fatos: de me alimentar e deixar pessoas com vontade e de ter obrigado escravos a pegar mel sem me importar se fossem ferroados. Por escolha, porque sentia no meu íntimo que, se não reparasse este fato, não me sentiria em paz, pedi para reencarnar negra e ter restrições na alimentação.*

Encarnada, tive também alergia ao veneno de abelhas. Sinto-me muito bem por ter passado por isto, pronta para viver plenamente porque resgatei, aprendi muito nesta minha vivência no corpo físico.

— Aprendeu até a ser negra? — perguntou Ana Luíza.

— Aprendi! — exclamou Vânia aliviada.

— Você não poderia ter aprendido fazendo o bem? — Sofia quis saber.

— Poderia — respondeu Vânia. — *Tentei, trabalhando por muito tempo num posto de socorro, mas não consegui ficar bem comigo. A doença me fez compreender os enfermos. Quero continuar o trabalho que interrompi para reencarnar; assim que for possível, quero voltar à minha tarefa. Estudo para realizá-lo com maior compreensão. E, desta vez, será diferente, não terei o remorso para me incomodar.*

— Você foi negra como castigo? Isto ocorre com todos que têm, encarnados, a pele escura? — perguntou Lorena.

— Não foi castigo! — exclamou Vânia. — *Foi aprendizado, foi uma bênção para me sentir bem. Mesmo trabalhando como socorrista no umbral, tendo aprendido na teoria, desejei muito resgatar meu erro na prática. Provei a mim mesma que realmente aprendi. Porém, este aprendizado não é tão simples assim. Sei que muitos não conseguem passar na prova. Eu, na prática, tive algumas dificuldades, principalmente no começo, para me aceitar. O importante é que penso que obtive uma nota razoável na prova. Aprendi muito.*

— Ser negro nunca é castigo! — opinou Pedro. — *Encarnado, namorava uma afrodescendente. Uma garota linda e meiga. Ela sentiu muito minha desencarnação. Fiquei somente alguns meses enfermo e minha namorada me ajudou muito. Sua família, todos negros, é honesta e amorosa. Acho os negros muito bonitos. Quando for reencarnar, se possível, quero pedir para fazê-lo numa família como a que tive, ou melhor, tenho no momento, são pessoas boas, e não me importarei nem com o lugar nem com o aspecto* deles. Conheci ótimas pessoas, entre estas brancas e negras, e tive um grande amigo descendente de japoneses. Penso que, para um espírito que almeja evoluir, a cor da pele não faz diferença.

Lenita observou Pedro. Ele era do grupo que desencarnara com mais idade, tinha vinte e três anos. Era muito bonito.

— Muito bem, Pedro — elogiou Márcia. — *É isto mesmo! Concluindo: para um espírito que deseja colocar seu aprendizado em prática, não importará o aspecto físico, e alguns preferem fazê-lo junto de afetos. Os que tiveram determinadas doenças, estas podem ter ocorrido por resgate, provas... Porém tudo sempre é aprendizado. Vânia foi enferma por um motivo, por escolha. Cada um tem o seu motivo. Sei de espíritos que, na teoria, sabem muito. Por isso os espíritos temem reencarnar, porque realmente não é fácil. A ilusão da matéria é forte e passar pela porta estreita requer muita força de vontade. O importante é vencer as dificuldades. Encarnam e, no corpo físico, sucumbem diante das provas ou não as fazem ou realizam pela metade o que planejaram. E alguns preferem aprender pela dor, como o fez Vânia. É muita alegria quando um espírito consegue retornar ao plano espiritual vitorioso.*

— Estou entendendo que, na espiritualidade, tudo é muito vasto! — exclamou Sofia.

— *Vânia* — indagou Edson —, *sabemos que nosso perispírito é modificável. Você modificará o seu? Quer voltar a ser branca?*

— *Sei que posso fazer isto* — respondeu Vânia. — *Se quiser, posso ter a aparência que tive anteriormente. Mas não quero. Estou pensando como Pedro: ter a pele escura é muito bonito. Talvez, quando voltar ao meu trabalho no posto de socorro, modifique-me para aparentar mais idade. Vou ainda pensar nesta possibilidade. Para cuidar de necessitados no umbral, talvez a aparência adulta seja melhor.*

— *Aqui* — falou Edson —, *acostumamo-nos a ver a pessoa sem nos importar com a idade que aparenta. Conheci ontem, na palestra a que assisti, dois jovens sábios, espíritos de muitos conhecimentos. Mas talvez você, Vânia, tenha razão. Se eu não mudar de ideia, quero ser socorrista e trabalhar no umbral e talvez, por causa deste trabalho, deva ter a aparência de adulto.*

— *Vocês têm ainda muito a aprender para depois serem realmente úteis e entenderão que a aparência não fará diferença* — elucidou a orientadora.

Lenita pensou muito no que escutava e ficava sempre atenta aos relatos.

Ana Luíza contou:

— *Andava muito de bicicleta. Numa tarde, distraída, atravessei a rua sem olhar e fui atropelada. Fiquei muito ferida. O médico que me atendeu falou para meus pais que, se sobrevivesse, não iria mais andar e talvez nem mexer os braços. Fiquei internada por vinte dias, tive infecção, meu estado se agravou e desencarnei. Meus pais, muito religiosos, se conformaram, pois sabiam que, com certeza, iria sofrer muito se ficasse encarnada. Isto ajudou a minha adaptação, e a atitude deles me comoveu, me fez compreender mais ainda os excelentes pais que tenho. Eles foram visitar a mulher que dirigia o carro que me atropelou para dizer que sabiam que ela não tinha tido culpa e que era para não se sentir culpada. Isto é maravilhoso!*

— *De fato, seus pais são legais mesmo!* — exclamou Pedro.

— *Que bela atitude! Digna de exemplo!* — opinou Lenita.

— *Penso que meu desencarne se difere muito do de vocês* — contou Giovani. — *O que me recordo é: acordei no hospital daqui me sentindo bem. Gostava da vida encarnado, embora não estivesse sendo feliz, porém acreditava que ia melhorar, que ia ficar adulto, poder tomar decisões e morar sozinho. Não lamentei minha mudança de planos, gosto daqui. Três dias depois de vir para cá, me senti disposto, fui ao jardim e me entusiasmei ao pensar que ia continuar estudando. Aí senti mamãe se indagando: "Por que Giovani fez isso?". Fiquei a pensar no que poderia ter feito. O que seria aquilo que fizera e que ela lamentava? Não consegui entender. Meus dois companheiros de quarto comentavam sobre suas desencarnações. Um deles desencarnou pela leucemia; o outro, atropelado. Ao ser indagado por que mudara de plano, não soube responder: não estava doente, não fui atropelado... Não consegui recordar. Naquele momento, não me importei por não saber. No jardim, outros me indagaram e acabei por ficar curioso. Ao pensar no meu padrasto, sentia-o aliviado, e, na minha mãe, que fizera algo de errado, grave. Perguntei para Miguel por que desencarnara, e ele me respondeu: "É importante para você saber?". "Não sei", respondi, "mas, como todos sabem, estou curioso. Sinto que algo aconteceu e não lembro o que foi. Por que desencarnei?". "O que lembra?", perguntou Miguel. Fui recordando. Agora entendo que Miguel me ajudou. Dois meses antes de desencarnar, comecei a ficar muito sonolento. Estava tendo dificuldades para levantar de manhã, às vezes dormia na aula, estava indisposto e, por isto, não fui mais jogar futebol com os amigos. Afastei-me um pouco deles porque queria dormir. Ao comentar o que sentia com uma colega, ela me disse que talvez estivesse depressivo, querendo dormir para não me defrontar com os problemas. Para que entendam, vou contar a vocês o que ocorria comigo. Minha mãe se casou com meu pai contra a vontade de meus avós paternos. Mamãe dizia que eles não gostavam dela por ser pobre. Ela também falava que foi feliz com papai, e eu nasci. Estava com três anos quando meu genitor desencarnou por um acidente e ainda brigado com seus pais. Meu avô paterno fez de tudo para ficar comigo, mas não conseguiu. Herdei os bens de meu pai, a família dele era, é, rica. Ele tinha uma casa, a que morávamos, um apartamento alugado, uma sala comercial e deixou a aposentadoria. Mamãe não recebeu nada, tudo ficou para mim, isto vovô conseguiu na justiça. Meus avós faleceram: primeiro vovó, e, faz três anos, meu avô. Vovô não gostava de minha mãe, e nos víamos algumas vezes no ano: o seu motorista me pegava em casa e depois me trazia. Ele fez um testa-*

mento, me deixou alguns bens. Somente receberia uma parte quando completasse dezoito anos; a outra, com vinte e um anos; e toda a herança, aos vinte e cinco anos. Mamãe teve vários namorados, até que se casou; meu padrasto tentava ser gentil comigo, mas sentia que não gostava de mim, e penso que nem mamãe me amava. Ele é corretor de imóveis, só que trabalha pouco. Vivíamos do aluguel do apartamento de uma loja que mamãe tem na sala que papai me deixou. Não me sentia bem em casa: eles saíam muito, viajavam, e eu ficava muito sozinho. Ninguém se importava comigo. Esperava completar dezoito anos, sair de casa e morar sozinho. Teria como me sustentar. Por isso pensei que minha colega tinha razão, talvez estivesse dormindo muito por estar insatisfeito morando naquela casa. Com Miguel me auxiliando, lembrei.

Giovani suspirou, enxugou o rosto, pois as lágrimas escorriam, e, depois, continuou:

— Vi meu padrasto colocando algo no meu leite. Tomava, antes de dormir, leite com chocolate. Vi-o conversando com uma moça, a mesma que por vezes conversara comigo. Lembrei-me de que, na primeira vez, ela me abordou na rua e pediu uma informação, depois conversou sobre o tempo. Nas outras vezes que me abordou para me cumprimentar, fazia comentários sem importância. Isto sempre quando ia para a escola. Fui algumas vezes com meu padrasto a uma cidade vizinha e, enquanto ele ia para o escritório, ficava passeando pela cidade. Por estes dois fatos, depois que desencarnei, concluíram que ele adquirira drogas, que comprava na outra cidade e desta moça. Somente com o auxílio de Miguel, com o qual vi e recordei, foi que percebi que meu padrasto estava mais gentil comigo. Por cinco vezes, não consegui levantar, estava sonolento demais. O marido de minha mãe não tentava me acordar e eu me atrasava para ir à escola; ele então escrevia bilhetes justificando meu atraso para a diretora, isto para assistir às aulas. Não comentou meus atrasos com mamãe. Foi um plano diabólico!

Giovani fez outra pausa e, observando que os colegas estavam atentos, continuou:

— *Eu não vi, não notei que meu padrasto estava me sedando. Na noite em que desencarnei, ele colocou sonífero no meu leite e o fez também no chá de mamãe. Ficou acordado. Vendo que minha mãe estava dormindo, levantou-se e foi ao meu quarto. Eu dormia sob o efeito da droga que tomara sem saber. Ele me aplicou uma injeção. Fez algumas picadas no meu braço, massageando para parecer que havia sido picado anteriormente. Fez isto com luvas, as dele de frio. Colocou tóxicos entre minhas roupas no armário, colocou a seringa na minha mão e colocou cocaína na minha narina. Vendo que tudo estava como queria, saiu do meu quarto, entrou no seu e aguardou. Logo depois, debati-me, fiz barulho, e ele ficou quieto, temendo que mamãe acordasse, mas ela não acordou, e eu desencarnei.*

— *Morreu assassinado! Com uma overdose! Meu Deus!* — exclamou Ana Luiza.

Todos estavam admirados e olhavam para ele, que continuou com sua narrativa:

— *Sim, desencarnei por uma overdose. No outro dia cedo, mamãe foi me chamar e encontrou meu corpo físico morto. Meu padrasto foi solícito, chamou a ambulância etc. Concluíram que eu estava me drogando, pois encontraram drogas no meu quarto. Mamãe concluiu que eu a roubava, pois um dinheiro guardado sumira. Meus colegas contaram que estava ultimamente agindo de forma diferente, comentaram que me viram com uma moça que ninguém sabia quem era. Tudo foi perfeito. Mamãe herdou de mim o que pertenceu ao meu pai e está brigando com uma tia minha pelo que meu avô me deixou. Tornou-se rica.*

— *Esse foi o motivo? Seu padrasto o assassinou por dinheiro?* — perguntou Pedro.

— Sim, o motivo foi esse — respondeu Giovani em tom de lamento.

— O que sentiu quando se lembrou disso tudo? — Camila, curiosa, quis saber.

— Entristeci-me! Porém, estava gostando tanto daqui que concluí: "Há males que vêm para o bem". Segui os conselhos de Miguel: "Não importa o motivo que o levou a vir para cá, o que importa é você estar aqui". Fiquei pensando tanto nisso à tarde toda no quarto que deixei de ir ao jardim. Não me sentia dono de nada mesmo. Desculpei mamãe por ter sido omissa e perdoei meu padrasto. Que eles se entendam, porque, como afirma Miguel, o mal que fazemos nos torna maus, e isto é a pior coisa que pode nos acontecer. Mas sempre tem um "mas"... Vovô, o genitor de meu pai, com quem tive pouco contato, sempre odiou minha mãe por dois motivos: primeiro porque, segundo ele, mamãe seduziu o filho; segundo porque foi depois de uma briga, meus pais brigavam muito, que papai, nervoso, foi à cidade mais próxima a trabalho e sofreu o acidente. Com meu desencarne, vovô, sabendo o que aconteceu, está obsediando o casal com fúria, quer vingança.

— Você, o mais prejudicado, perdoou, e seu avô, não. Conseguirá ele se vingar? — perguntou Enzo.

Olharam para Márcia, que respondeu:

— Quando não perdoamos, sofremos. Quando, além de não perdoar, resolvemos nos vingar, sofremos mais. A vingança é um ato mau que faz o vingador ser uma pessoa má.

— Mesmo tendo razão? — indagou Sofia.

— Não existe razão para a vingança — opinou Edson. — Quem faz paga. Sendo assim, o melhor é a vítima perdoar e tentar ficar bem, porque o maldoso não fica bem.

— Realmente ocorre isso — explicou Márcia. — Se o avô de Giovani irá conseguir se vingar ou não, só com o tempo saberemos. Penso, pelo que conheço das pessoas, que este senhor desencarnado, *o avô de Giovani, poderá prejudicá-los, porque a mãe sente que foi omissa, que não dava atenção ao filho e que usava de seu dinheiro. O padrasto com certeza não sente ainda remorso, planejou tudo muito bem. Mas penso, pelas atitudes dele, que não terá ninguém para defendê-lo do ataque deste obsessor e, se o avô de Giovani for persistente, acabará prejudicando-o.*

— *Temo que ele assassine também minha mãe* — Giovani estava preocupado. — *A moça que me abordou, que todos pensam que me fornecia drogas, é sua amante, que é jovem e bonita. Penso que ele não fará nada a mamãe por agora, mas talvez este homem queira ficar viúvo e rico.*

— *Não pense nisto, você não tem como impedir* — aconselhou Pedro.

— *Bom conselho* — elogiou Márcia. — *Estude, Giovani. Torne-se útil para que possa, no futuro, se quiser, auxiliar sua mãe e seu avô.*

— *Como?* — Ana Luiza quis saber.

— *Encontrando-se com ele, pedindo para perdoar, esquecer a mágoa, demonstrando amor* — respondeu a professora.

— *Você já se encontrou com seu pai? Talvez ele possa ajudar o genitor dele* — opinou Sofia.

— *Miguel me contou que meu pai reencarnou como filho de uma irmã dele. É um garoto bonito e sadio. Quando for possível, irei visitá-lo.*

— *Você, Giovani, é o único da classe que foi assassinado. Mas eu sabia, quando encarnado, de jovens que foram assassinados. Onde estão eles?* — perguntou Edson.

— *Já não foi explicado que neste estudo se agrupam desencarnados parecidos? Que o grupo deve ser o mais homogêneo possível? Deve ser isto* — lembrou Sofia.

— *É isto mesmo* — elucidou Márcia. — *Giovani está aqui porque não sentiu ser assassinado, não houve violência física maior, porque era, é, boa pessoa, pôde ser socorrido e, como esperávamos, perdoou.*

— *E se ele não tivesse perdoado?* — Lenita quis saber.

— *Giovani foi socorrido; se, ao saber, não quisesse perdoar, Miguel tentaria convencê-lo, mas a escolha sempre é da pessoa. Se não perdoasse, não se enturmaria aqui na colônia, e, em casos assim, o desencarnado sai e vai vagar. Vagando, não se sentirá bem e aí poderá escolher: perdoar e rogar por socorro ou não perdoar e continuar vagando ou até tentar se vingar.*

— *E se a vítima foi assassinada por bandidos que nem conhece?* — perguntou Edson.

— *Poderá ocorrer a mesma coisa, o processo é o mesmo* — explicou Márcia. — *Normalmente, é possível saber quem matou, se ele fizer questão disto. Se for uma pessoa honesta, não será fácil ficar perto, para se vingar, de uma pessoa tão imprudente, que é capaz de matar por nada.*

— *Com certeza, não dará certo!* — exclamou Camila.

— *Não mesmo!* — concordou Márcia. — *Nenhuma obsessão dá resultado, a vingança quase sempre fere mais o vingador. De fato, neste estudo, como lhes foi explicado, agrupamos desencarnados afins. Temos, no momento, na nossa escola, outro grupo de adultos que tiveram dificuldades de adaptação no plano espiritual. Daniel e eu também coordenamos este grupo. Fico com eles pela manhã, e Daniel, à tarde. Em desencarnes com violência, os assassinados são socorridos como todos, se merecerem. Pessoas boas são sempre auxiliadas. Jovens assassinados normalmente são desligados; alguns são levados para postos de socorro, e outros, para colônias. Estes socorridos ficam quase sempre em hospitais em alas próprias e têm, normalmente, um tratamento diferenciado para superar o trauma da maldade que sofreram, principalmente em casos em que, antes da morte do físico, foram torturados. Alguns tiveram desencarnações fulminantes em que não ficaram traumatizados. Porém, lembro-os que, infelizmente, alguns jovens assassinados foram assassinos, roubaram e cometeram outros erros, não podendo ainda ser socorridos, porque eles não querem e, quase sempre, ao mudar de plano, enturmam-se com outros afins, e muitos continuam cometendo erros. Na colônia, quando os jovens que vieram para cá devido a esta violência se sentem bem, ficam conosco e, se ainda sofrem pelo trauma, são encaminhados às colônias maiores, para cursos e tratamentos. São agrupados porque nestes relatos um compreende e ajuda o outro.*

— *Formidável!* — exclamou Vânia.

— *Giovani com certeza estava se viciando sem saber, não é?* — perguntou Lorena. — *Não o fez pela sua vontade, por isso não atingiu seu corpo perispiritual?*

— *Isto ocorreu* — concordou a orientadora.

— *Eu tomei muitos remédios para dores. Sentia falta deles. Viciei-me?* — indagou Lenita.

— *O uso é permitido. Tomou como remédio. Pode ser que seu corpo físico sentisse falta, são drogas, remédios que viciam, mas os tomou como medicamentos. Não abusou. Seu perispírito não foi atingido. Não foi viciada!*

— *Que bom ouvir isto!* — Lenita suspirou aliviada.

— *Sei de muitas pessoas, tanto adultos como jovens, que desencarnaram por terem abusado de tóxicos, seja por overdose ou por terem debilitado o corpo físico. O que acontece com eles?* — Sofia, curiosa, quis saber.

— *Não comentamos* — falou Enzo — *que quem abusa da sua saúde pode ser considerado suicida inconsciente, mas que isso não é tão inconsciente assim? Com certeza não ficam bem ou, pelo menos, não como estamos.*

— *Não se esqueçam de que aqui não existe regra geral!* — exclamou Edson.

— *Muitos fatos* — explicou Márcia — *podem ter ocorrido com alguém que se viciou e mudou de plano pelo envolvimento com as drogas. Viciados são vistos como doentes lá e aqui. É analisado o porquê de ter se envolvido, embora muitas das justificativas não sejam aceitas. Recentemente, fez o curso conosco um rapaz que, encarnado, foi viciado. A mãe e o padrasto lhe davam drogas quando ele tinha três anos, depois pararam, mas ele sentia falta e, garoto ainda, onze anos, viciou-se. Na adolescência, procurou ajuda para vencer o vício, não encontrou, queria parar de se drogar, mas não conseguiu. Com quinze anos, sofreu um acidente: estava na garupa de uma moto quando bateu num caminhão, e ele e o companheiro desencarnaram. Ficou vagando por meses, sentia-se muito infeliz. Entrou num templo evangélico, rogou por ajuda e foi socorrido. Aceitou o tratamento, esforçou-se e ficou bem. Depois que concluiu o curso, foi fazer outro para ser socorrista, quer auxiliar os toxicômanos. Porém, a maioria dos viciados em tóxicos passa por dificuldades quando mudam de plano. Se a pessoa viciou-se por sua vontade, pelo seu livre-arbítrio, plantou a má semente, a colheita normalmente é de dores. Muitos que foram viciados encarnados, aqui, no plano espiritual, continuam sentindo falta e, para sentir a sensação do tóxico, ficam perto de afins, vampirizam encarnados que se drogam para sentir que estão se drogando. Sofrem e fazem sofrer. Mas o socorro existe! Muitos abnegados socorristas os ajudam quando rogam com sinceridade por auxílio. O tratamento não é fácil. São abrigados em alas especiais de hospitais, e o tempo que permanecem internados se difere: uns permanecem mais tempo; outros, menos. Porém, eles danificaram um corpo sadio e pode ser que, ao reencarnar, tragam deficiências pelo abuso cometido.*

— *Gostaria de ver um grupo de encarnados se drogando e também saber se tem desencarnados com eles* — pediu Edson.

— *Posso mostrar* — falou Márcia.

A professora colocou um vídeo. Os alunos viram um grupo num canto de uma rua fumando *crack*. Eram cinco rapazes e três moças e, com eles, estavam sete desencarnados em estado lamentável, sujos, magros, com expressão perturbadíssima.

— *Estão se drogando juntos! São afins!* — exclamou Edson penalizado.

— *Estes espíritos ficarão muito tempo vagando?* — Sofia, além de sentir dó, estava curiosa.

— *Depende somente deles* — respondeu Márcia. — *Normalmente se cansam deste modo de viver. O sofrimento os faz querer, rogar por auxílio. E, enquanto vagam, correm um grande perigo: moradores imprudentes do umbral costumam pegar espíritos que vagam e levá-los para a zona umbralina como escravos, onde normalmente sofrem muito.*

— *Que futuro tenebroso!* — suspirou Sofia.

— *Pelos seus muitos erros, desequilibram-se* — elucidou a orientadora. — *Pela culpa, tentam se afastar do Nosso Pai Criador. Pelo sofrimento, se reaproximarão Dele e se reequilibrarão. Com toda certeza, isto ocorrerá; eles se harmonizarão.*

— *Eles não podem reparar seus erros fazendo o bem?* — perguntou Lenita.

— *O ideal para eles e para todos nós é construir onde destruímos. Tanto o erro como sua reação são fatores negativos. O correto seria anular o negativo do erro com o positivo do amor. O positivo produz mais positivo. O amor gera felicidade. Sabedoria é então ter somente boas atitudes. O bem tem retorno! Concluindo: fazer maldades, ser mau, é ser infeliz. Fazer o bem, ser uma boa pessoa, é ser feliz!*

Todos os alunos contaram suas desencarnações. A maioria esteve doente, desencarnou, a família sentiu, e estava se adaptando. Edson não contou a sua, e todos se indagavam o porquê. Até que Alice comentou:

— E você, Edson? Por que não fala de si?

— Pelo que escutei, a mudança de plano de vocês foi algo especial, que os marcou. Para mim foi natural, vivesse lá ou aqui. Reencarnei numa família estruturada, religiosa, espírita. Fui criado com muito amor, sabendo que podemos estar lá e voltar para cá. O que aconteceu comigo foi o seguinte: numa tarde de sábado, estava sozinho em casa; meus irmãos saíram, tenho quatro, e meus pais foram fazer compras. Queria ver televisão e, como não estava transmitindo bem, resolvi consertar a antena. Subi no telhado, uma viga podre se quebrou, afundei o pé, desequilibrei-me e caí. Fraturei a vértebra do pescoço e desencarnei. Meus pais chegaram em casa e encontraram meu corpo físico morto. Se sobrevivesse, iria ficar tetraplégico. Todos sofreram com minha partida, mas se preocuparam comigo, desejaram, quiseram que eu estivesse bem e, como sempre fui obediente, fiquei como eles queriam, querem.

Edson riu e todos acompanharam.

— Todos nós deveríamos aceitar a mudança de planos com maturidade, compreender a encarnação e a desencarnação como realmente ela é, como estágios de nossa vida — exclamou Márcia.

Todos concordaram.

9º capítulo

Concluído o curso

Na metade do curso, os estudantes passaram a ter aulas no pátio da Nutrição. Começaram com atividades simples meia hora por dia. Receberam apostila com os exercícios e poderiam fazê-los tanto no pátio como em seus quartos. A apostila continha ensinamentos de como fazer os exercícios e a explicação de para que serviam. A instrutora pacientemente ensinava a respirarem corretamente. A aula era dividida em duas partes: na primeira, podia-se fazer perguntas, que eram respondidas com detalhes; na segunda parte, ficavam em silêncio fazendo as atividades. O que os jovens queriam mesmo era dormir menos. Depois do vigésimo encontro, tiveram também aulas para aprender a se concentrar.

— *Para não se alimentar mais, é necessário estar realmente adaptado ao plano espiritual e se conscientizar de que se pode viver sem alimentos* — explicou a coordenadora.

Fabrícia dava muitas aulas por dia para jovens e adultos. Incentivava seus alunos, porém todos que iniciavam o curso sabiam que não era fácil. Para a maioria dos desencarnados é difícil se libertar dos reflexos do corpo físico. Mas, como muitos conseguem, os alunos se animavam e faziam os exercícios da melhor forma possível. Lenita os fazia em seu quarto, queria muito aproveitar a oportunidade para aprender tudo o que estava sendo ensinado. E, como sempre acontecia, uns aprendiam mais rápido que outros. Mesmo os que estavam desencarnados havia anos, moradores da colônia, periodicamente iam ao Pátio da Nutrição para relembrar os exercícios.

O grupo de jovens comentava entusiasmado depois dessas aulas:

— *Dormi somente quatro horas esta noite e estou ótimo!* — exclamou Fernando.

— *Fui à cantina ontem uma vez somente!* — Edson estava contente com o que aprendia.

— *Limpei-me sozinha!* — afirmou Alice.

Nenhum deles conseguira atingir o objetivo ainda, mas continuariam tentando não dormir e não se alimentar mais. Mas todos, sem exceção, passaram a dormir menos, aprenderam a se higienizar para estar sempre limpos e já não se preocupavam tanto com a aparência.

Também foram aprender a volitar. Estas aulas eram prazerosas, todos se divertiam. E, novamente, uns aprenderam mais rápido. A maioria recordara, porque já havia aprendido em outro período em que estivera desencarnada. E alguns o fizeram encarnados, quando seus corpos físicos adormeciam, isto automaticamente. Mas, para aprender consciente e com técnica, precisariam das aulas.

As primeiras aulas foram de exercícios, e alguns volitaram baixo; outros se levantaram do chão alguns metros. Um grupinho inseguro demorou mais para levantar do chão.

— *Penso que não posso imitar os pássaros! Não consigo levantar do chão* — lamentou Lorena.

— *Você não irá voar, não tem asas. Volitará! Vamos, tente, você consegue!* — incentivou Camila.

Houve vários tombos, mas não se machucavam. Riam muito. Lenita achou que a parte mais difícil era o impulso.

Uma vez Sofia subiu muito e não sabia como descer, e a professora Consuelo teve de ir buscá-la.

No final do curso, todos volitavam.

"Agora posso mandar para você, Amanda, um beijo aéreo como me pediu", pensou Lenita.

Brincavam de pegar um ao outro lembrando a brincadeira de correr dos encarnados.

— *Que bom! Maravilhoso!* — exclamou Camila. — *Por que em vez de andar os encarnados não voam?*

— *Porque, se eles voassem, desencarnados andariam; têm de se diferenciar* — opinou Alice.

A emoção maior foi sair com a professora para fora da colônia num passeio. Ver a colônia foi maravilhoso.

— *Meu Deus! Do lado de fora, vista daqui, a colônia parece uma estrela!* — exclamou Camila.

Foi um passeio incrível.

Na última aula, Consuelo deu as últimas recomendações:

— *Vocês, meus queridos, estão aptos a volitar. Porém, fora da colônia, somente o farão acompanhados, isto até estarem mais adaptados e seguros. Se tiverem alguma dúvida, estarei aqui para esclarecê-los.*

As visitas ocorreram, começando no meio do curso. Os estudantes recebiam seus familiares, cada um poderia por duas vezes receber visitas. Os encarnados eram trazidos à colônia. Os jovens se preparavam antes.

— *Como* — explicou Daniel — *é necessário que os encarnados estejam adormecidos para que seus espíritos sejam afastados dos corpos físicos para poder vir aqui, estas visitas ocorrerão no período noturno. Catarina, a socorrista que vocês conhecem e que, de certa forma, é também conhecida de muitos de seus familiares, irá trazê-los. O processo ocorre assim: marcamos o dia, porém este pode ser remarcado. Pode acontecer algum imprevisto, como o encarnado não conseguir dormir, estar preocupado etc. Catarina vai à tarde para perto do visitante, motiva-o a orar, ter bons pensamentos e, às vezes, ajuda-o a adormecer. Márcia ou eu nos unimos a Catarina para trazermos as pessoas. Normalmente, usamos o aeróbus ou, em alguns casos, volitamos com elas, as visitas. O visitante aguarda no local que escolher. Poderão abraçá-los e ficar com eles no máximo trinta minutos. Terminado o tempo, novamente Catarina levará, com segurança, o encarnado ao seu lar, quarto e leito.*

— Pena que eles não têm muitas recordações desses encontros! — suspirou Sofia.

— Alguns se recordam, sim — continuou Daniel elucidando. — *São raros os que se lembram nitidamente. Poucos se recordam que sonharam com a pessoa querida e que ela estava num local bonito, que recebeu alguns conselhos e até que a abraçou. Há os que se lembram somente de que tiveram um sonho bonito com o ente querido. Uma parte não se recorda de nada, porém, em todos, fica a certeza de que aquele ser que ama está bem, como também a saudade é suavizada.*

— Como devemos agir, nos comportar, nesses encontros? — perguntou Lenita.

— As recomendações são muitas — respondeu Daniel. — *Primeiro, não se emocionar demais. Pela emoção, sentirão vontade de chorar; não devem fazê-lo porque poderão marcar este fato nos encarnados, que se lembrarão do choro e confundirão o pranto de emoção com o de sofrimento, pensando que não estão bem. Se Márcia estiver auxiliando Catarina, eu ficarei com vocês, ou Márcia ficará, no caso de eu estar com a socorrista; tentaremos lhes dar equilíbrio. A saudade é muita e a emoção também. Devem se esforçar, se controlar, para aproveitar este momento. Digam que os amam, agradeçam, comentem sobre a beleza do local, podem perguntar sobre parentes e amigos, contem com entusiasmo como é bom estar aqui e como gostam do lugar, falem isto com firmeza; assim, eles sentirão no* íntimo, no espírito, que vocês realmente não necessitam de nada. Lembrem-nos de que, quando amamos, queremos o ser amado feliz.

— Desencarnei doente, muito magra, sem cabelos e sem o braço. Eles não estranharão me ver sadia? — indagou Lenita.

— Não e com certeza se alegrarão por vê-la sadia — esclareceu Daniel. — Será bom para todos vê-la como está porque eles se lembrarão de você assim.

— Fico emocionada só de pensar nestas visitas! — Camila estava entusiasmada. — Serão dois encontros! Poderemos escolher as pessoas que virão nos ver?

— Podem pedir — respondeu o orientador. — As visitas podem ser no máximo de três pessoas, podem ser duas ou uma somente. Mas o pedido poderá ser ou não atendido. Trazer encarnados à colônia pode não ser simples no momento. Uma vez, ao trazer um pai, sabíamos que seria difícil porque ele estava muito revoltado, mas, na tentativa de amenizar sua revolta, ele veio e, aqui, ao ver o filho, gritou impropérios e teve de ser imediatamente levado ao seu corpo físico. Tivemos que ajudar o jovem, que sentiu muito ao ver o pai naquele estado. A direção da escola pediu mais rigor nestas visitas, e Catarina tem sido mais cautelosa na escolha.

— Eu não quero receber familiar — determinou Giovani. — Vou pedir uma visita somente; se possível, quero receber uma colega, uma garota que estudou comigo, era minha amiga e ora muito por mim. Desejo agradecê-la pelo carinho, dizer que estou bem e que não era viciado. Não tenho ainda estrutura emocional para rever minha mãe, não sei o que dizer a ela; e penso que meu padrasto não poderá vir aqui.

— Não mesmo! — concordou Daniel. — A energia de seu padrasto se difere muito da que temos aqui. Catarina analisará seu pedido, como o de todos.

Camila foi, depois da aula, ao quarto de Lenita. Conversaram sobre as visitas.

— *Penso, amiga* — disse Camila —, *que não tenho ainda controle sobre minhas emoções para receber ninguém. Será que não é melhor adiar? E se eu quiser ir embora com eles?*

— *Os orientadores sabem o que fazem* — respondeu Lenita. — *Também sinto o mesmo receio. Poderei querer voltar para casa com eles? Somente me tranquilizei ao saber que estarei sendo sustentada. Nossos mestres são experientes, e devemos confiar. Depois, penso que, por meio desses encontros, estaremos resolvendo duas dificuldades. Primeiro nos conscientizar de que realmente moramos no plano espiritual; segundo, aprenderemos a dominar nossas emoções.*

— *Você tem razão. Conversando outro dia com Lorena, concluímos que às vezes temos a sensação de que estamos num sonho e que acordaremos em casa junto a eles.*

— *Talvez porque eles também, nossas famílias, tentem se consolar pensando que voltaremos e que também sonham e que acordarão conosco lá* — concluiu Lenita.

— *Talvez seja por esses motivos que possamos recebê-los e, como Daniel explicou: eles, no íntimo, pelo espírito, saberão que estamos bem. Necessitamos tanto nos conscientizar de que estamos realmente desencarnados quanto eles de saber que nada nos falta, para sermos úteis e viver plenamente aqui.*

— *Vamos recebê-los com alegria!* — exclamou Lenita abraçando a amiga.

Animadas, foram ao ensaio do coral.

Preparados, começaram a receber as visitas. A maioria escolheu o parque para recebê-las. Lugar de belezas incríveis, alguns locais eram tão iluminados que parecia ser dia. Isto fez com que alguns tivessem a lembrança de que o encontro fora durante o dia. Muitos dos jovens ficaram presenciando o encontro do colega, dando-lhe forças, e depois se reuniam, abraçavam-se e choravam juntos; eram, porém, lágrimas de emoção, alegria e gratidão.

Edson foi o único que recebeu seu pai na escola e, todo entusiasmado, mostrou o local em que estudava. Seu pai sorria o tempo todo, seus olhos brilhavam de contentamento. Edson recebeu a mãe na biblioteca e depois a levou para ouvir o coral, que ensaiava.

Camila recebeu, na primeira visita, a avó, a que fazia trabalho voluntário, e o irmão. Por quinze minutos, abraçou-os. Incentivou a avó a continuar com seu trabalho e a insistir com a mãe dela para participar também. Recomendou ao irmão que estudasse, escolhesse boas pessoas para amigos e fosse obediente. Camila se portou corretamente.

Na segunda visita, recebeu os pais. Seu pai pareceu alheio, agiu como se não entendesse o que estava acontecendo, mas abraçou demoradamente a filha. A mãe, curiosa, fez algumas perguntas, achou Camila linda e se alegrou por revê-la.

Sofia foi a que, depois de receber a mãe e a avó, teve de ser amparada por Daniel porque agarrou a mãe e quis voltar com ela. Catarina teve de dar passes na mãe e na avó e levá-las embora. Márcia adormeceu Sofia para acalmá-la. Ela não recebeu a segunda visita e compreendeu que ainda não se sentia segura para rever pessoas amadas.

Giovani recebeu a amiga, foi um encontro bonito. Ele explicou que não se drogava e que foi um equívoco, mas não contou como foi sua mudança de plano. A garota se alegrou por rever o amigo.

Lenita aguardou ansiosa por sua vez. Na primeira visita, recebeu seu tio Benício e a irmã Amanda. Ela foi ao parque e se sentou num banco perto do lago debaixo de uma planta florida. Recebeu-os sorrindo. Os dois ficaram olhando-a por segundos.

— Titio! Amanda, minha irmãzinha! — Lenita exclamou abrindo os braços.

Amanda correu até ela e se abraçaram.

— Seu braço! — exclamou o tio. — Seu braço!

— Veja! Não é lindo? Amanda, pegue nos meus cabelos, tenho-os de volta!

Amanda, ainda abraçada à irmã, passou as mãos nos cabelos de Lenita.

— Perdoe-me! — suplicou Amanda com os olhos lacrimosos.

— Por favor, minha irmã, não se sinta em dívida para comigo. Preste muita atenção! Olhe para mim! Não tenho nada para perdoá-la, mas, se é para você se sentir bem, a perdoo. Entendeu? Perdoo! Amo você!

— Obrigada! Você está bem mesmo?

— Estou, e muito — afirmou Lenita.

Aproveitou para a aconselhar e a incentivou a continuar indo ao centro espírita.

— Titio — Lenita se dirigiu a Benício, que ficou perto e observava tudo com atenção. — Trabalhe, meu tio, para o bem com a sua mediunidade e que seu trabalho ajude muitas pessoas. Seja útil!

Depois de abraços e beijos, eles foram embora, Catarina os acompanhou. Lenita não chorou, ajoelhou-se na relva e agradeceu a Deus pela oportunidade, prometendo a si mesma que teria controle e firmeza nesses encontros. Na segunda visita, recebeu os pais, e Daniel precisou ampará-la. Foi muita emoção recebê-los. O pai ficou mais tranquilo, mas a mãe falou sem parar.

— Lenita, minha filha, você é bem tratada? Está vivendo como a Patrícia do livro Violetas na janela? Precisa de alguma coisa?

A garota tentou responder com tranquilidade. A mãe se agarrou a ela e não queria soltá-la, foi necessário que Catarina a afastasse, e ela foi embora chorando. Ao vê-los ir com a socorrista, Lenita chorou, mas Daniel a confortou, e os amigos vieram abraçá-la. Tranquilizou-se e foi descansar em seu quarto. Ficou por minutos pensando no encontro.

"Queria explicar à mamãe que meu desencarne não foi como o da Patrícia, mas é preferível que ela continue pensando que foi."

Naquele momento, entendeu que, quando se retorna ao plano espiritual sabendo o que irá encontrar e com a compreensão da família, é tudo mais fácil. Foi somente após seus familiares pensarem como os pais da Patrícia que ela ficou bem.

Lenita sentiu seus visitantes no dia seguinte. Seu tio Benício acordou contente, foi quem mais se lembrou do encontro. Lembrou-se de que vira a sobrinha e que ela estava num lindo lugar, sadia e bonita. Amanda contou a todos que sonhara com a irmã e que ela estava dentro de uma flor e que seus cabelos eram como os de Rapunzel, compridos. Dias depois do encontro em que recebeu os pais, Lenita, ao pensar neles, sentiu o pai, que teve somente a sensação de que sua filhinha estava alegre. A mãe sentiu mais do que lembrou, teve a certeza de que Lenita estava linda e que tinha o braço novamente. Pensou que sonhara com a filha e que, no sonho, chorara muito. Ao se lembrar e contar, chorou, mas se esforçou para que seu choro fosse somente de saudade, não queria prejudicar a filha.

No final do curso, poderiam pedir para visitar a família encarnada, e os pedidos seriam analisados. Somente pediram Ana Luíza e Edson, que foram atendidos.

Lenita e os outros colegas compreenderam que ainda não tinham estrutura para fazer essas visitas, recearam querer ficar em seus antigos lares ou se emocionar a ponto de se desestruturarem. Sabiam que não podiam ficar entre os encarnados sem permissão. Optaram então por fazer essas visitas quando se sentissem seguros.

Os dois contaram como fora a visita:

— *Foi muito bom* — falou Edson — *rever meu lar, meus pais e irmãos. Eles doaram tudo que fora meu, e isto me alegrou, pois serão úteis a outras pessoas. Papai me sentiu, reuniu todos na sala, leu um texto de* O Evangelho Segundo o Espiritismo, *de Allan Kardec, e oraram agradecendo por ter podido visitá-los. Cada um deles me deu um recado, como: "Edson, volite bastante! Não deixe de conhecer a Colônia Nosso Lar! Seja educado com as garotas da colônia e não as assuste como fazia comigo!", este recado foi de minha irmã. "Fique bem e, quando puder, venha nos ajudar." Este foi de mamãe, que também disse: "Amo você, filhinho querido!". De meu pai: "Volte, filho, retorne à colônia, lá é agora a sua morada. Por amá-lo, quero que esteja bem. Amo você!". Retornei sentindo-me feliz e amado. A visita foi ótima! Não senti vontade de ficar porque realmente estou gostando muito de viver aqui.*

Ana Luíza também gostou da visita, mas confessou que, por duas vezes, sentiu vontade de ficar, esforçou-se muito para ficar tranquila. Os dois foram acompanhados por Daniel e Catarina. Ambos encontraram o lar terreno equilibrado: todos saudosos, mas os queriam felizes.

Dias antes do término do curso, planejaram o que iriam fazer depois. Oito decidiram completar os estudos fazendo o segundo curso, de dois anos, em que teriam, além das aulas teóricas, as práticas, em que aprenderiam a trabalhar. Este curso se iniciaria na semana seguinte. Camila pediu para ir para o Educandário e foi atendida.

O CAMINHO DAS ESTRELAS

— *Gosto de crianças, às vezes sinto-me uma. Quero trabalhar com elas. Lá irei aprender para ensinar. Penso que a gente somente sabe mesmo quando coloca em prática o que foi ensinado ou quando ensina o que sabe. Márcia me disse que poderei ensinar as garotinhas a dançar e a cantar. Estou muito contente por ir.*

Todos escolheram e foram atendidos. Ana Luíza foi trabalhar no hospital, planejou fazer o segundo curso depois ou aprender trabalhando. Pedro foi trabalhar no jardim; queria, antes de continuar estudando, se fortalecer. Cada um justificou sua escolha.

Receberam uma festa no salão maior e o certificado atestando que concluíram o estudo com aproveitamento. O diretor da escola entregou o certificado a cada um deles e os abraçou, desejando êxito na tarefa escolhida. Ele fez um rápido pronunciamento.

— *Meus jovens aprendizes! É com alegria que os vejo concluindo uma etapa no estudo e que este seja o primeiro de muitos que poderão fazer. Rogo a Deus, a Jesus, que os protejam! Parabéns pelo esforço, e sejam bem-vindos à nova moradia: a Colônia Aprendiz do Amor!*

Os jovens felizes cantaram, tocaram instrumentos, e todos oraram juntos uma oração que eles fizeram anteriormente. Escreveram um texto de dez linhas. Declamaram em voz alta. Foi uma festa maravilhosa.

No outro dia, reuniram-se na sala de aula para se despedir; iriam, horas depois, para suas novas tarefas.

Agradeceram a Daniel e Márcia, deram a eles cartões com frases carinhosas e os trocaram também entre si. Lenita teve a certeza de que não os esqueceria. Prometeram se encontrar. Seria após um ano. Abraçaram-se despedindo-se, alguns se emocionaram, e lágrimas escorreram pelos rostos. Os oito que continuariam estudando, que completariam o estudo de conhecimento do plano espiritual, o fariam juntos; isto os alegrou e incentivou. Eles continuariam a ter seu quarto, seu recanto particular na escola.

Camila e Lenita saíram da classe juntas, eram as que mais sentiam a separação. Foram conversando até o quarto de Camila, onde ela arrumaria seus pertences e logo iria para o Educandário.

— *Quero deixar o quarto em ordem; certamente outra jovem irá ocupá-lo, desejo que ela seja feliz aqui. Estou tão contente! Quero ser professora! Sinto somente por nos separarmos. Você promete ir me visitar? Quem sabe não fica comigo depois de uma visita?*

As duas foram até a frente da escola. Abraçaram-se, desejando alegria uma à outra. Camila, contente, foi para o Educandário.

Lenita ficou parada em frente à escola olhando a amiga, até que não a viu mais. Depois olhou para o prédio da escola e entendeu que amava aquele lugar. Entrou.

10º capítulo

Departamento da Reencarnação

Lenita foi para o seu quarto, continuaria a ocupá-lo. Sentou-se na poltrona e organizou seus horários. No outro dia, iria, na parte da manhã, para o hospital, trabalharia todos os dias por cinco horas na secretaria organizando fichas e atendendo quem viesse em busca de informações. No período da tarde, também por cinco horas, iria ajudar nas tarefas da biblioteca. Como estava dormindo somente quatro horas por noite, tinha muito tempo e se organizou para continuar no coral, ir à sala de música, ao pátio de volitação e ao de nutrição. Com os horários organizados, pensou na sua escolha.

"*Queria mesmo fazer a segunda parte do estudo, mas sei que não conseguirei até resolver o que me incomoda*", pensou lamentando. "*Quero estudar muito, cursar medicina e ajudar encarnados enfermos em hospitais. Desejo muito isto! Mas, para realizar meu sonho, tenho de conhecer bem o plano espiritual; para isto, o melhor seria continuar com o estudo de reconhecimento e aprender a ser útil, depois pedir para ir a uma colônia de estudo e, quando apta, realizar meus planos.*"

Lenita acomodou-se mais na poltrona e continuou pensando:

"*Recordei partes, alguns acontecimentos do meu passado. Não o fiz como Vânia, que se recordou dos fatos mais marcantes e entendeu o porquê de seus sofrimentos. Nós duas fomos as únicas do grupo a ter lembranças de outras existências; para os outros, o que aconteceu anteriormente não tem importância. Sei que o passado passou, não se muda, nada modifica, e é o presente o período de real importância. Porém, o que vivi, o que fiz me incomoda, tanto que não consegui ver o umbral nem em vídeos. Como cursar a segunda etapa? Como irei servir na zona umbralina como o curso exige?"*

— Daniel e Márcia me orientaram! — exclamou baixinho. — Tentaram me ajudar, mas continuei confusa.

"Minhas lembranças são peças de um complicado quebra-cabeça. Nada se encaixa."

Tentou organizar suas lembranças.

"Primeiro foi na janela do quarto do hospital: recordei-me de que costumava ficar numa outra janela, que era alta, as paredes de pedras cinzentas... debrucei-me e vi um pátio de calçamento de pedras sem plantas. Uma carruagem parou e dela desceu um homem, um jovem padre. Depois, lembrei-me de que estava numa escada, e um homem, talvez um irmão, me pressionou, e eu afirmei: 'Não fui eu! Quero que meu braço seque se fui eu!'. Depois vi uma mulher, senti que era minha mãe, e ela chorava, confundia-se com a minha, a Marlene, que também chorava. Mas o que mais me incomoda nestas lembranças é a frase: 'Quero que meu braço seque!'. Tenho me esforçado para não dar importância a estas lembranças, mas não consigo me tranquilizar, elas são pequenas peças, quero entendê-las como um todo. O que aconteceu que neguei? Menti? Isto me incomoda. Aconselhada pelos professores, optei por fazer tarefas aqui na colônia e aguardar ser atendida no Departamento da Reencarnação para ser auxiliada e me recordar de minha existência anterior, minha vida encarnada passada. Márcia tem certeza de que recordando entenderei muitas coisas, e estas lembranças não me incomodarão mais. Tomara! Porque quero estudar no próximo curso."

Daniel e Márcia haviam conversado com Lenita e a aconselhado a ir ao Departamento da Reencarnação pedir ajuda para recordar o passado. Ela resolveu que iria logo em seguida lá, para fazer o pedido. Como teria de esperar, resolveu passear pela escola. Foi à sala de música, estava vazia; dirigiu-se ao Pátio da Volitação. Consuelo estava ensinando um grupo de adultos, e Lenita a auxiliou. Ir a este pátio é sempre prazeroso, principalmente para os jovens que se divertem.

No horário marcado, Lenita foi ao Departamento da Reencarnação. Havia, neste prédio, sempre muitas atividades; trabalhavam ali muitos servidores; e um número maior de desencarnados ia ali para pedir alguma coisa. A jovem observou tudo atenta. O prédio, como todos da colônia, era bonito, pintura nova, vidros limpos, era rodeado por um pequeno jardim. A porta da frente sempre estava aberta, era grande; Lenita passou por ela e entrou numa sala espaçosa, a recepção tinha várias portas. Em frente a um balcão, uma moça atendia as pessoas. Sentou-se numa confortável poltrona do lado direito do balcão para esperar sua vez. Duas senhoras sentaram-se a seu lado. Após cumprimentarem-se, Lenita ouvia-as conversar.

— *Vim pedir informação sobre meu filho* — disse uma delas.
— *Ele desencarnou aos treze anos, isto foi há quarenta e nove anos. Penso que reencarnou. Quero saber se de fato está reencarnado, se está bem e se posso visitá-lo.*
— *Se estiver encarnado, ele não saberá quem você é* — deduziu a outra.
— *Eu sei. O que importa é que eu continuo a amá-lo. Com certeza ele, pelo bendito esquecimento, não sabe de mim, mas sentirá que alguém que o amou e ainda o ama o está abençoando. E, você, veio pedir o quê?*
— *Vim saber de minha mãe; desencarnei e não a vi. Amo tanto minha mãezinha, estava com trinta e dois anos quando ela*

desencarnou. Isto foi há cinquenta e dois anos. Quero saber se está reencarnada. Não sei se quero visitá-la, vê-la em outro corpo não será a mesma coisa. Só queria saber se está bem. Este espírito é muito bom, minha mãe foi um ser especial.

Lenita entendeu que muitos vinham ao departamento em busca de notícias.

— Lenita, por favor — a atendente a chamou. — Boa tarde! Você foi recomendada pelos professores Daniel e Márcia. O que deseja realmente?

— Tenho lembranças fragmentadas do meu passado, isto está me incomodando a ponto de não poder continuar estudando porque todas as vezes que penso ou vejo algo do umbral fico perturbada.

— Por favor — pediu a moça —, responda a este questionário. Pode se sentar aqui.

Lenita viu então que, do outro lado do balcão, havia pequenas escrivaninhas com cadeiras. Sentou-se numa e respondeu às perguntas. Algumas eram dissertativas; outras, de múltipla escolha; ela o fez atenta. Compreendeu que, no questionário, as questões eram para explicar o porquê de querer recordar as vivências no plano físico. Certamente, concluiu, esta ajuda não ocorreria se fosse somente por curiosidade.

Acabou, entregou as folhas à atendente.

— Entraremos em contato com você e, se seu pedido for aceito, marcaremos um horário. Boa tarde!

Lenita voltou à escola, à noite ensaiou com o coral, foi à sala de música e, após, dirigiu-se para seu quarto e pegou um livro para ler, estava preferindo livros cujo tema era "reencarnação".

"Estou muito interessada neste assunto, e estes romances relatam histórias muito bonitas."

No outro dia cedo foi para o hospital. Foi recebida com muito carinho. Marise, a responsável por aquele setor, lhe mostrou toda a área de atendimento. Trabalharia junto a Alfredo, que a ensinaria o que teria de fazer.

— *Coloque, Lenita, estas fichas neste arquivo por ordem alfabética, são fichas de socorridos que tiveram alta ontem do hospital* — pediu Alfredo.

Assim que acabou, ficou perto do seu companheiro de trabalho, que dava informações.

— *Quero saber se minha filha Lourdes está aqui* — pediu uma senhora.

Lenita ajudou Alfredo a procurar.

— *Neste computador, temos todas as informações* — explicou Alfredo. — *Temos também informações nas fichas. Vou ensiná-la a fazer esta busca. Vamos procurar pelo nome: se encontrar uma somente com este nome, achamos; se não, tentamos obter mais informações, como o dia que desencarnou ou quando fazia aniversário e quantos anos tinha ao mudar de plano.*

Lenita, atenta, viu como Alfredo fazia, queria aprender. Logo, ele obteve a resposta.

— *Sim, sua filha está aqui internada na ala B de adultos, no quarto número centro e três.*

— *Ela não está bem, não é?* — perguntou a senhora.

— *Terá de ir ao setor B, onde estão os quartos de cem a cento e noventa e nove. É por aquela porta, siga as setas no corredor. Chegando ao setor, encontrará uma atendente que lhe dará mais informações.*

A senhora foi, e Lenita, curiosa, perguntou:

— *Será que ela poderá ver a filha?*

— *Aqueles* — respondeu Alfredo — *que estão neste setor são desencarnados que estiveram no umbral e têm a recuperação mais lenta.*

— *Sofreram com a desencarnação!* — suspirou Lenita.

— *Pelas consequências de seus atos equivocados.*

Quarenta minutos depois, a senhora retornou e contou a Lenita e Alfredo.

— Poderei vê-la amanhã por dez minutos. Se minha presença lhe fizer bem, poderei visitá-la mais vezes.

— Como pode a visita de uma mãe não fazer bem? — Lenita ficou curiosa.

— Minha filha — a senhora respondeu — não foi boa comigo. Agiu muito errado, me fez sofrer. Eu a perdoei, penso que ela não se desculpou. Não sabemos como reagirá ao me ver. Talvez minha presença aumente seu remorso, porque está muito perturbada. Pode ser que melhore ao sentir que eu a perdoei.

Quando a senhora saiu, Alfredo recomendou a Lenita.

— Nosso trabalho é atender aos pedintes; não podemos, por curiosidade, indagá-los. Você se acostuma. Veremos muitos problemas aqui.

De fato, defrontaram-se com muitas dificuldades. Os dois davam atenção, escutavam e atendiam. Lenita viu, no outro dia, a senhora, e foi ela mesma quem veio contar que a filha a havia aceitado e que isto certamente ajudaria na sua recuperação.

Levando visitantes às alas do hospital, Lenita conheceu vários setores e entendeu que muitos se perturbam com a mudança de plano. Pessoas que cometeram muitos erros sofrem as consequências deles. Na ala B daquele hospital estavam se recuperando desencarnados que haviam estado por um período no umbral.

"Com certeza já estive aqui", pensou Lenita na primeira vez que entrou na ala B. "Recordo-me de que me recuperei num leito sentindo-me aliviada por estar nele."

Gostou do trabalho no hospital, mas muito mais na Biblioteca. Aprendeu rápido a organizar livros, a atender pedidos, saber em que estantes estavam as diversas obras e pegava sempre livros para ler. As bibliotecas no plano espiritual são muito bonitas, sempre têm diversas estantes, muitos vídeos, poltronas confortáveis, escrivaninhas, tudo para se pesquisar sobre diversos assuntos. Para os amantes dos estudos e para quem gosta de adquirir conhecimentos, estes locais são sempre agradáveis.

Na escola, continuou no coral; ia ao Pátio da Nutrição fazer exercícios e ao de Volitação ajudar Consuelo nas aulas. Encontrava-se com os colegas quando estavam tendo aulas teóricas na escola. Foi visitar Camila, que estava entusiasmada com sua tarefa.

— *Se as mãezinhas encarnadas soubessem como seus filhinhos são tratados aqui no plano espiritual, não sentiriam tanto a ausência deles.*

Lenita teve de concordar com a amiga: os Educandários são, de fato, locais muito bonitos, alegres, e as crianças são felizes.

Aguardava a resposta do Departamento da Reencarnação e, duas semanas depois, foi chamada. Deveria ir lá no outro dia à tarde. Informou na biblioteca que se ausentaria.

Estava ansiosa quando entrou no prédio. Chegou minutos antes do horário marcado e se sentou numa confortável poltrona. Esperou para ser atendida. Dois senhores se sentaram ao seu lado. Conversaram. Não queria ser indiscreta e escutar a conversa alheia, porém não conseguiu desviar sua atenção, pois os dois falavam sem se importar se estavam ou não sendo ouvidos. Escutou-os:

— *Marcelo, vim aqui pedir para reencarnar. Meu neto Rodolfo casou-se e gostaria de ser filho dele. Gosto demais deste meu neto.*

— *Eu tenho vinte anos de desencarnado, também desejo reencarnar, quero voltar ao plano físico e fazer o que adiei: trabalhar para o bem com minha mediunidade. Quero pedir, embora saiba que pedir não é garantia de obter. Vou rogar para que, desde pequeno, minha mediunidade seja potencializada para que procure auxílio e seja levado ao Espiritismo. Penso que, assim, eu faço o que por duas encarnações me recusei: fazer o bem com a mediunidade. Mas você tem somente três anos e seis meses de desencarnado. Por que deseja voltar?*

— *Quero unir a família. Desejo ser um bom neto para minha filha. Meu instrutor me incentivou a pedir, ele acha que conseguirei.*

Lenita foi chamada.

— *Você* — informou a moça que a atendeu — *passará hoje somente por uma entrevista, pode seguir por esta porta; andando pelo corredor, encontrará uma porta com a informação: setor D, bata e entre.*[6]

Fez o que foi recomendado. Ao escutar "pode entrar", Lenita sentiu seu coração batendo rápido. Entrou, e uma senhora de aspecto agradável, risonha, apresentou-se:

— *Sou Sônia, vou auxiliá-la. Prefere se sentar na poltrona ou se acomodar no divã?*

Lenita teve dúvidas, e Sônia, carinhosamente, a colocou no divã; falando em tom tranquilo, recomendou:

— *Não tenha receio, nada acontecerá de excepcional, vamos somente conversar. Gosta daqui? Sente-se bem?*

— *Sim, gosto; sinto-me bem, embora no momento esteja ansiosa* — respondeu Lenita.

Foi se acalmando porque sentiu Sônia perto dela segurando sua mão. De repente, começou a se recordar. Eram imagens diferentes, era como se as estivesse vivendo.

---

6. N. A. E.: Estes departamentos são normalmente grandes, e algumas colônias são designadas por outros nomes. São normalmente prédios espaçosos. Têm diversos setores, ou alas, repartições; há os que auxiliam nas reencarnações, outros para cursos, para recordações e há também um setor para obter informações.

Viu uma menina pequena, sentiu ser ela.

— *Sou eu!* — exclamou afirmando.

— *Sim, é você!* — ouviu Sônia falar.

Lenita não falou mais e foi se lembrando:

— Maria do Rosário, vamos entrar! Sua mãe quer falar com você!

Viu uma mulher chamá-la. Deu a mão a ela e olhou a casa. Era como tinha se lembrado, rústica e de pedras. Percebeu que estava num pátio interno, quintal, onde estava o estábulo com alguns cavalos, o galinheiro com aves, uma pequena horta e espaço para brincar. Entrou na casa e se defrontou com a cozinha, que era espaçosa, com um fogão grande. A mulher ficou ali, e ela continuou; da cozinha, passou à sala de refeições, viu uma mesa grande com várias cadeiras.

No andar térreo, tinha ainda: uma saleta onde sua mãe costurava, uma sala grande onde se recebiam visitas, outra sala de seu pai, o escritório, o *hall* de entrada e, do lado esquerdo da cozinha, havia vários quartos pequenos dos empregados que moravam ali. A escada! Era como recordava, degraus largos de pedra e sem corrimão. Subiu para se limpar; no andar de cima, estavam os quartos, eram seis aposentos. Um duplo, de seus pais, cada um deles dormia em um e havia, no interior, uma porta ligando os aposentos. Um dos quartos era do seu irmão; no outro, dormiam ela e a irmã, que casaria no final de semana. Os quartos eram grandes; no dela, havia três camas. Os outros eram para as visitas. Olhou para o corredor: ao último quarto, ninguém gostava de ir, era de visitas.

Uma empregada anunciou que sua irmã mais velha, casada, havia chegado. Correu para a sala. Tinha duas irmãs e um irmão, ela era a mais nova.

A irmã veio com o marido e os dois filhos. Não conhecia os sobrinhos, dois meninos pequenos: um de três anos e outro de um ano. Os dois dormiriam no seu quarto e com a irmã que ia casar. Olhou para o cunhado, era até bonito, estava sempre muito sério. A irmã estava contente por rever a família. Seu irmão veio também recebê-los. Ele era bonito, alto e magro, tinha o olhar triste. Abraçaram-se, todos estavam alegres.

A irmã morava longe, umas cinco horas de carruagem. A outra irmã, a que ia se casar, tinha dezesseis anos, estava magra, era também bonita. As irmãs se abraçaram demoradamente. O pai chegou. Sentiu que não gostava dele, ninguém gostava, tinha barba, seus modos eram grosseiros. Veio com seu escudeiro, um empregado bajulador e perigoso que era temido pelos outros empregados. A sua mãe não gostava dele. Seu genitor cumprimentou o genro, a filha e olhou os netos. Ela olhou para a irmã, a que ia casar, senti-a infeliz. Foi brincar com os sobrinhos. Depois, subiu as escadas, o fazia correndo; ia entrar no quarto, mas parou ao ouvir as irmãs conversando.

— Se não tivesse medo do inferno, me suicidaria! — disse a que ia se casar e se queixou: — Amo outro e tenho de me casar com este homem nojento!

— Não fale isto! — aconselhou a casada. — Também me casei não gostando e agora penso que gosto dele. Dará certo. Não pode amar um simples empregado. Esqueça e tente viver bem.

— Não sei se consigo! — As duas choravam. A irmã solteira estava chorando muito, e a mãe também. Entendeu que sua mãe queria que os filhos fossem felizes e não tinha como ajudá-los.

Abriu os olhos e viu Sônia ao seu lado, estava no Departamento da Reencarnação, deitada no divã.

— Você, minha querida, lembrou-se de onde vivia, seu nome, o de seus familiares, da casa que viveu... Por hoje é só, nos veremos na semana que vem.

Lenita levantou-se, saiu do prédio e foi à biblioteca; foi somente à noite que ficou pensando no que lembrara.

"Recordei-me de todos os familiares. Devo ter convivido pouco com minhas irmãs, gostava de minha mãe, mas não do meu pai, e aquele empregado devia ser terrível."

Continuou com seu trabalho, sentia-se bem sendo útil. Aprendeu a neutralizar as energias que recebia de seus familiares quando eles pensavam nela com tristeza e choravam. Quando isto ocorria, orava por eles, pensava em fatos agradáveis, em Jesus, e continuava fazendo suas tarefas.

"Ainda bem que eles, depois de ter lido aquele abençoado livro, não se desesperaram mais."

No dia e horário marcados, foi ao departamento e, assim que chegou, foi chamada à sala de Sônia. Desta vez estava mais tranquila. Deitou-se no divã, escutou Sônia pedindo para relaxar e se recordou:

Estava maior, com onze anos. O irmão ia se casar, ele também estava triste.

"O casamento deve ser algo muito ruim", pensou.

As irmãs escreviam para a mãe e sempre se queixavam, principalmente a que se casara por último. O irmão iria morar com os pais, era o costume. A casa foi preparada. Achava o irmão estranho, às vezes ele se assustava sozinho, tinha medo do quarto fechado. A mãe o protegia.

Sentaram todos para jantar. Ela, o irmão e os pais. Escutou seu pai:

— Continue, mulher — referia-se à sua mãe —, a ir todos os dias com a empregada à casa do padre para limpá-la e faça, nas quartas-feiras, a comida preferida dele. Temos que ficar bem com o padre e com a Igreja — olhou para o irmão.

Sua mãe fazia isto, ia à residência do padre, que era a casa seguinte, à esquerda, sendo que se podia passar até pelo quintal para limpá-la. Moravam numa cidade pequena; na parte central, em volta de um pátio, uma praça calçada de pedras. Na frente, estava a igreja, após a residência do padre. Ali residiam as principais famílias da cidade. Uma família lavava as roupas do sacerdote, outra limpava a igreja, e a mãe dela limpava a casa. Cada dia da semana um dos vizinhos fazia a refeição dele. Ela compreendeu que todos ali temiam a Igreja, e seu pai também, o motivo era o irmão. Sentiu mais ainda, naquele momento em que recordou, que o irmão via almas do outro mundo, ou seja, desencarnados. Ele era médium. Todos temiam este fato. Diziam que pessoas que tinham visões, viam e escutavam espíritos tinham pacto com os demônios. Descobertos, normalmente eram presos, torturados, e vários eram queimados vivos. Sentiu também que o irmão não queria se casar, não gostava da noiva, de mulheres, era homossexual, embora nunca tivesse se relacionado com um homem. Isto o pai não sabia, a mãe desconfiava e temia pela vida do filho.

As lembranças de Lenita saltaram. Estava com quatorze anos, vestia-se como menina, temia que o pai a casasse. A cunhada teve um filho, um garoto bonito, o casal ocupava um quarto grande, e ela estava grávida novamente. Ela parecia estar bem. Ouviu sua mãe aconselhando o irmão:

— Deixe sempre sua mulher satisfeita, cuidado para que não desconfie de nada. Nunca se sabe. Ela pode ser perigosa!

Compreendeu que a cunhada não poderia saber da mediunidade do marido nem que ele preferia homens. Via raramente as irmãs. A mãe continuava limpando a residência do padre até que ele morreu. A cidade ficou meses sem um sacerdote até que receberam a notícia de que outro pároco viria. Sua mãe, com a empregada, faxinou bem a casa.

Estava no seu quarto, escutou barulho de carruagem, aproximou-se da janela, olhou para o pátio e viu o veículo parar. Como na sua visão, desceu o padre: era um homem alto, muito bonito, cabelos cacheados, tinha trinta e cinco anos. Ele olhou para cima, sentindo-se observado, e sorriu, cumprimentando-a. Sentiu o coração bater acelerado. Foi uma novidade a chegada de um padre novo. Seu pai mandou a mãe ajudá-lo.

Na casa, no último quarto, anos atrás, uma irmã de seu pai, para não se casar forçada, suicidara-se ali, enforcou-se com um lençol, que amarrou numa viga no teto. Nem ela gostava de ir lá, sentia arrepios, e seu irmão via a tia pendurada. Ele tinha horror daquele quarto.

Ela passou a gostar de ir à missa para ver o padre. Ele era gentil, comia pouco, gostava de ajudar a limpar a igreja e visitava os doentes. Sentiu a mãe mais tranquila. Descobriu que amava o padre.

Sônia a despertou.

— *Por hoje chega. Continuaremos na próxima semana.*

Naquela noite, Lenita não foi ao ensaio do coral, ficou no quarto pensando em tudo o que recordara.

"*Entendo que todos tinham muitas dificuldades; minha mãe era submissa, temia meu pai. E meu genitor, naquela existência, temia a Igreja, queria que o filho fosse diferente, preocupava-se em ganhar dinheiro e não amou ninguém. Minhas irmãs foram obrigadas a se casar, não gostavam dos maridos e foram infelizes. Minha cunhada parecia ser indiferente, gostava dos filhos. Eu não queria que papai me arrumasse um casamento e amava o padre."*

Ficou triste, porém reagiu.

"Se quero saber, é melhor me comportar. Tristezas não resolvem. Se errei, sofri. Posso parar por aqui, não recordar mais. Mas terei ou não lances do passado? Fiz algo errado. Devo ou não saber?"

Foi procurar Márcia. Falou a ela de sua indecisão.

— *Lenita, não se aflija* — aconselhou a orientadora. — Sônia analisou seu caso. Se você foi chamada, é porque a recordação lhe será útil. Poderá parar. Porém, será que não ficará pensando no que aconteceu? Deixará de ter lembranças fragmentadas do passado? Penso que deve continuar. Não terá mais medo e compreenderá o que aconteceu.

Pensou muito e decidiu continuar a recordar.

11º capítulo

Recordações

Sônia novamente a cumprimentou sorrindo.

— *Sei* — disse a trabalhadora do departamento — *que o passado pode nos deixar confusos. Recordar-nos de que fomos bons, honestos, é sempre agradável. Porém, se já tivéssemos estas qualidades, elas só seriam reforçadas. Você está aqui para se libertar de um trauma. Minha opinião é de que deve continuar recordando.*

— *Erros nos marcam!* — lamentou Lenita.

— *Tem razão, porém temos sempre oportunidades de nos harmonizar. Você o fez pelo sofrimento. Embora não se possa modificar os atos errados que cometemos, podemos aprender para não repeti-los.*

— *Por favor, me ajude!*

— *Venha aqui* — com delicadeza Sônia a puxou pela mão. — *Acomode-se no divã. Acalme-se! Estarei ao seu lado. Continuemos. Você gostou do padre, descobriu que sua mãe o amava...*

Lenita não escutou mais Sônia. Imagens vieram à mente.

Passou a se arrumar, a se vestir como moça, abandonou as vestes infantis, ficou bonita, isto para chamar atenção do padre. Ele a ignorava. Passou a ir com a mãe à casa paroquial para ajudar a limpá-la. Quando chegava, ele se retirava. Mas notou os olhares que os dois trocavam. Ela compreendeu que o padre também amava sua genitora.

Alguns meses se passaram. Ela começou a vigiar a mãe e descobriu que, quando o pai se ausentava, ela, à noite, quando todos dormiam, ia pelo quintal à casa paroquial. Sentiu muitos ciúmes.

Quando o pai voltou de uma viagem, ela foi ao estábulo onde estava o empregado, que era detestável, mas fiel ao seu patrão, com desculpa de ver uma égua que tivera um potrinho e conversou com ele. Insinuou que era fácil ir à noite à casa do padre, que era bonito e jovem. Deixando-o pensativo, entrou na casa com a certeza de que o empregado iria vigiar ou pedir para alguém fazê-lo. Não costumava conversar com o pai. Ninguém no seu lar o fazia, às vezes o irmão conversava com o genitor, mas o assunto eram os negócios. Aproveitando que o pai estava sozinho na sala de jantar, conversou com ele:

— Meu pai — disse ela —, o senhor não acha que este padre tem amantes?

— Não duvido! Mas isto não é assunto para uma moça — respondeu ele.

— Se temermos a Igreja, se soubermos de algo errado que ele faz, poderemos chantageá-lo numa necessidade.

Os olhos do pai brilharam.

— Você até que pensa. Pena que é mulher! Mas como saber? Não escutei nenhum comentário sobre isto.

Ela insistiu:

— É fácil ele receber mulheres à noite. Passando pelos quintais. Se alguém passar pelo nosso, ninguém verá.

Colocando dúvidas em seu pai, saiu de perto. O empregado, como supunha, perguntou para os outros e acabou obtendo a informação de que alguém passava pelo quintal para ir à residência paroquial, e um empregado afirmou que o vulto saía da casa. O chefe da família, depois da conversa da filha, desconfiou, prestou mais atenção e notou que a esposa estava se arrumando mais e tinha a expressão feliz. Quando o empregado lhe contou que alguém saía à noite da casa quando os dois se ausentavam, passava pelo quintal e se dirigia à casa vizinha, teve a certeza de que sua esposa era amante do padre.

As lembranças dela foram: o pai informara que ia se ausentar. Na manhã seguinte, a notícia apavorou a todos. O padre havia sido assassinado com uma facada. Deduziram que fora um ladrão, porque a porta lateral, a que dava para a rua dos fundos, havia sido arrombada, e muitos objetos e o dinheiro das esmolas foram roubados. Concluíram que o ladrão entrou e foi surpreendido pelo sacerdote, que foi morto. Saiu um grupo de homens armados para tentar prender o ladrão, mas este não foi encontrado. Foram dias de muitos comentários. O pai retornou ao lar. A mãe ficou passiva. A família não comentou nada sobre o crime. Sentiram a falta da empregada, foi dito que ela fora embora, que fugira com alguém ou se ausentara por alguns dias sem avisar. A mãe sentiu a falta da amiga, mas não reclamou, fechou-se no seu mundo. O tumulto passou. Outro vigário veio, um sacerdote mais velho, que bebia muito. Tudo parecia voltar à rotina, porém o pai passou a se embebedar. Normalmente, após o jantar, todos se recolhiam, e ele ficava na sala de refeições e bebia. O empregado o ajudava a subir as escadas e o levava ao quarto.

Lenita despertou.

— *Que maldade fiz! Parece que fiquei indiferente com esta tragédia. Que horror! O padre foi assassinado, e a empregada sumiu. Ninguém se importou com ela. Sabia que fora meu pai e seu fiel escudeiro que fizeram aquela maldade. Só não entendi o porquê de a empregada ter desaparecido e nada ter acontecido com a minha* mãe. Para não desconfiarem ter sido eu quem alertou meu pai, não comentei nada. Senti medo.

Sônia sorriu, consolando-a.

— Quando nos harmonizamos, ver e saber o que nos levou a desarmonizar pode nos entristecer por momentos, mas temos que nos esforçar para nos recuperar. O importante é você analisar suas recordações, o que fez, para que estes atos não sejam repetidos.

Lenita tentou, esforçou-se para não ficar triste. Ficou à noite no seu quarto pensando no que recordara.

"Quando estava encarnada, uma vez soubemos que uma moça era amante de um sacerdote. Horrorizamo-nos e comentamos muito este fato. Eu devo ter me horrorizado mais. Penso que não devemos nunca criticar, ironizar o erro alheio. Pode ser que já tenhamos feito pior!"

Fez o propósito de se dedicar mais às suas tarefas. Porque no hospital, às vezes, indagava a si mesma: "Por que será que essa mulher ficou tanto tempo no umbral?", "Por que esse homem demora tanto para se recuperar?", "O que eles fizeram?". Resolveu pensar diferente: "Ela, ele, errou, sofreu, está sofrendo, mas melhorará, se equilibrará".

Conseguiu, passou a ser mais dedicada ao trabalho.

"Quero fazer o bem, necessito aprender para ser uma pessoa boa."

Alfredo notou a mudança da companheira de trabalho e comentou:

— Lenita, você está entusiasmada com o trabalho e menos curiosa!

— Estou aprendendo a compreender a todos — respondeu ela.

— Isso é ótimo!

Aguardou ansiosa sua volta ao departamento, sentia que ainda tinha muito o que recordar e sentia que fizera mais ações equivocadas ou maldades.

Ansiosa, chegou antes do horário marcado. Sentou-se perto de um casal que esperava para ser atendido.

— João — comentou a mulher —, *sofremos muito encarnados. Não foi fácil ficarmos juntos. Leonilda sempre interferiu em nossas vidas. Recentemente, prejudicou até nosso filho. Você a namorou antes de me conhecer. Foi um namoro de seis meses.*

— *Terminei o namoro porque ela era muito ciumenta. Não gostava dela. Quando conheci você, me interessei de fato, e nos amamos. Ela nos perseguiu. Fez-me perder por três vezes o emprego. Pagou um homem para roubar e bater em você, que, grávida, abortou. Fez nosso filho perder o emprego. Parece que o ódio dela não acaba. Desencarnamos, e ela continua a nos desejar mal. Pensa em nós desejando que estejamos no inferno, queimando no fogo eterno.*

— *Não se casou* — falou a mulher —, *dedicou-se a nos perseguir.*

— *Este ódio só pode ser explicado se a ofendemos em outras vidas!* — exclamou o homem.

— *Já não lhe disse que recordei minhas três últimas encarnações e que formamos um triângulo amoroso? Já fui casada com você, e ela foi sua amante. Na anterior, fui eu a amante.*

— *Nesta última, tentei, penso que consegui, ser honesto. Amei você, amo-a e fui fiel. Estamos aqui para receber orientações. Leonilda deve desencarnar logo, está enferma, idosa. Gostaria de ajudá-la a pôr fim nesta desavença.*

— *Não sei* — concluiu a mulher — *se poderemos auxiliá-la quando ela desencarnar, infelizmente Leonilda cometeu muitas más ações. Não somente nos fez maldades, mas a outras pessoas também. Concordo em pedir para reencarnarmos, tentar ficar juntos e recebê-la como filha.*

— Filha? Será que conseguirei amá-la? — perguntou o homem.

— Não amamos nossos filhos? O Paulo não foi um desafeto seu? Não se reconciliaram? Então a amaremos. E ela, a nós. Colocaremos um ponto-final neste rancor. Se fizemos mal a ela, e Leonilda, a nós, criamos os três uma energia negativa. Nesta encarnação, ela nos fez mal, e nós não lhe fizemos nenhuma maldade. Somente Leonilda criou uma energia ruim. No futuro, se a amarmos e lhe fizermos o bem, anularemos o negativo com o positivo e, se conseguirmos fazer com que ela nos ame, o positivo aumentará. Assim, o desamor ficará no passado.

— Logo iremos saber. Estou ansioso para receber a orientação que pedimos.

O casal foi chamado. Lenita pensou:

"Como ouvimos histórias enquanto aguardamos! Todos têm problemas e vêm aqui na esperança de encontrar soluções. Se este casal for atendido, com certeza terão problemas afetivos com a filha. Este fato me faz compreender por que às vezes filhos odeiam os pais ou os genitores não conseguem amar os filhos. Provavelmente já tiveram anteriormente desentendimentos".

Foi chamada, cumprimentou Sônia e, novamente acomodada no divã, as recordações vieram.

O pai prestou atenção nela e comentou:

— Você fará dezesseis anos. É moça! Pronta para casar.

— Papai, não quero me casar — respondeu.

— Não tem escolha, e não quero sua opinião. Case ou vá para o convento! Pode também se matar, como fez sua tia, e ir para o inferno.

Ela subiu as escadas chorando. Passados uns dias, reunidos para o almoço, seu pai informou:

— Mulher, no sábado, dia vinte e sete, prepare um bom jantar, virá aqui um pretendente à mão de Maria do Rosário.

— Quem é? — perguntou a mãe.

O pai falou. Todos se assustaram. A cunhada, que não afrontava o sogro, comentou:

— Mas ele é velho! Viúvo recentemente.

A mãe, motivada com o comentário da nora, arriscou:

— Senhor, não é melhor escolher um homem mais jovem?

— Se ele gostar dela, o casamento será marcado. Sei que é viúvo faz um ano, o luto acabou, mas ele é rico, honesto e muito religioso, é bem-visto pela Igreja.

A família se admirou por ele ter respondido sem xingar ou ofender. Calaram-se. Ela foi para o quarto e ficou pensando:

— Não me caso! Não vou me casar com aquele velho!

Três dias depois, o empregado de quem ninguém gostava viajou. O pai, como sempre, se embriagava, e ela não teve dúvidas, resolveu matar seu genitor. Ficou na sala de estar bordando, ouviu todos subirem para os quartos e se dirigiu à sala de refeições, onde o pai bebia. Abriu outra garrafa de vinho e o serviu. Não conversaram. Ficou por ali uns dez minutos vendo o pai beber; depois subiu as escadas e foi para o quarto. Trocou de roupa, pegou uma capa escura, jogou por cima dos ombros. Deixou tudo arrumado parecendo que estivera deitada. Abriu a porta. Olhou pelo corredor, tudo estava tranquilo, em silêncio, todos deveriam estar dormindo. Ficou esperando o pai subir as escadas. Quando o escutou subindo, ele cambaleava, pois estava embriagado, foi para o corredor.

"Tem de ser hoje", pensou, "que o empregado não está, e ele sobe sozinho."

Devagar, sem fazer barulho, rente à parede, aguardou-o. Onde estava, não seria vista por quem subia. Com a mão esquerda, segurou com firmeza um móvel pesado que estava no corredor. Quando o pai ficou ao seu alcance, empurrou-o com força com a mão direita. Ele, sem esperar e embriagado, rolou pela escada.

Rápida, foi para o quarto, tirou a capa, guardou-a e ouviu barulho: seu irmão e mãe haviam se levantado, e ela também foi para o corredor.

— Papai caiu da escada! — escutou seu irmão.

Ele e a mãe desceram rápidos. O pai desencarnara. Como planejara, concluíram que o proprietário da casa, por estar bêbado, tropeçou, caiu e morreu. Após o enterro, o irmão, a cunhada, a mãe e ela se reuniram. A mãe falou:

— Como filho homem, você agora é o chefe da casa. Peço-lhe somente uma coisa, afaste o empregado fiel de seu pai daqui.

— Desejo isto também — disse a cunhada.

— Vou mandá-lo para longe — determinou o irmão —, ordenar que não venha mais aqui. Não quero ser como meu pai. Quanto a você, Maria do Rosário, casará se quiser.

— Pois não quero! Não com este velho.

— Vou escrever a ele que, pelo nosso luto, não podemos recebê-lo e que você somente deverá se casar após um ano, quando terminar nosso luto, e que fique à vontade para arrumar outra noiva.

— Obrigada! — ela agradeceu.

O pretendente arrumou outra noiva, tinha pressa em casar. Porém, o irmão, sendo médium, percebeu o que ocorrera. Pela psicometria, ao se concentrar na escada, viu um vulto empurrar o pai. Sentiu ser a irmã e a indagou. Foi então que ela negou. Toda a família se sentiu aliviada com a morte de seu chefe e com o afastamento daquele empregado. Porém, o irmão teve de assumir o controle de tudo e se sentiu, com esta responsabilidade, mais infeliz. Culpou a irmã por ter matado o genitor. Mas silenciou, não falou com ninguém, não queria escândalo nem chamar atenção sobre sua mediunidade.

Recordou-se de que ficou pensativa: "Estou na idade de casar. Não quero ficar solteira. Devo escolher um noivo".

Escolheu. Um homem solteiro, comerciante da cidade e era bonito. Comunicou ao irmão e dele escutou:

— Tudo bem, posso falar com este moço e oferecer o dote. Porém alerto: não será feliz. Este homem é mulherengo, é um libertino.

— É isso o que quero! Só não caso com ele se for recusada.

Ele não recusou e veio visitá-la.

Lenita abriu os olhos. A sessão terminou. Enxugou as lágrimas. Não falou nada, não teve vontade de comentar. Sônia respeitou seu silêncio. Voltou ao trabalho. Sentia doer dentro de si.

"A expressão 'que meu braço seque'", pensou Lenita, *"não me perturba mais. Matei meu pai, jurei que não havia sido eu e desejei que meu braço adoecesse. Isso ocorreu. Agora sei o porquê de ter tido câncer nos ossos e ter cortado primeiro a mão, depois até o cotovelo e após até o ombro. Não entendo bem o porquê de me sentir aliviada. Deve ser porque fiz e paguei!"*

No seu quarto, ficou pensando no que recordara. Lembrou de uma notícia que ouviu quando estava encarnada. Na cidade vizinha à que residia, um moço assassinou o pai a paulada. Este fato chocou a todos e houve muitos comentários como: "O moço estava drogado"; "O pai era violento e batia na mãe dele" etc. Ela ficou apavorada, indagou-se: "Como alguém pode matar o pai?". Não conseguia entender. Notícias tristes ou tragédias envolvendo famílias a abalavam.

Quando as escutava, demorava para dormir pensando nestes crimes. Assustava-se muito.

"*Talvez*", concluiu, "*seja por ter cometido um crime assim. Matei meu pai e, ao escutar notícias parecidas, entristecia-me e me assustava. Existem fatos que realmente nos marcam, abalam-nos mais do que a outras pessoas. Meu espírito sabia o que fiz.*"

Na semana seguinte, foi continuar a lembrar.

Casou-se. Morava numa casa menor, mais simples, com somente duas empregadas. Vivera bem nos dois primeiros anos de casada. Depois, o marido voltou à sua vida de libertinagem. Tratava-a bem, gostava dos filhos, tiveram dois, mas tinha várias amantes, a traía sempre. Cansada de suas traições, planejou matá-lo. Sabia que, na residência de sua mãe, tinha um veneno guardado no armário da sala de refeições que pertencera ao seu pai. Agora, quem era a senhora da casa era a cunhada. Ela e o irmão passaram a ocupar o quarto principal, colocaram a mãe num aposento pequeno, e sua genitora não mandava mais. O irmão, embora amasse a mãe, tinha receio da esposa e fazia tudo o que ela queria, a mãe concordava.

Foi à sua antiga moradia quando eles tinham ido à missa. Pegou o veneno. Pensou em colocá-lo no vinho do esposo. Dias depois o fez. Sem entender o que ocorrera, ela própria passou mal e morreu. Continuou sem entender, ouvia as pessoas dizerem que tinha morrido, mas continuava viva. Ficou no seu lar, não compreendendo o que acontecia; de repente, foi atraída para um lugar horrível. Local fétido, com lama, escuro, tinha por dia somente algumas horas de fraca claridade. Permaneceu ali por anos, sentindo fome, sede, queimar por dentro. Escutava impropérios, mas também alguém que sempre a aconselhava a perdoar, a pedir perdão e ajuda a Deus.

Cansada de sofrer, começou a pensar no que tinha feito, entendeu que seu corpo carnal morrera, que seu espírito sobrevivera e que sofria pelos atos maldosos que cometera. Começou a sentir remorso. "De que adiantou matar meu pai? Que maldade fiz para afastar minha mãe do padre! Por que quis assassinar meu marido?" Arrependeu-se. Junto a um socorrista, orou e pediu auxílio. Foi tirada daquele local e levada para um posto de socorro onde a limparam. Sentiu-se bem melhor, embora fraca, alimentou-se e pôde descansar num leito limpo. Chorou muito de arrependimento e estava grata pela ajuda recebida.

Ouviu Sônia lhe chamar.

— *Lenita, por hoje é só. Teremos ainda mais outra sessão na semana que vem, no mesmo horário.*

— *Agora sei por que temia o umbral. Sofri muito lá.*

— *Lenita, você agora verá a zona umbralina de forma diferente. Não sentirá mais medo* — afirmou Sônia.

— *Verei como um lugar de sofrimento, mas também de reflexão para compreensão dos erros cometidos. Sinto agora o umbral como um local de bênçãos.*

— *Você está bem?* — perguntou Sônia carinhosamente.

— *Estou, sim. Lembrei-me de tudo. Por que tenho de voltar?*

— *Para a conclusão!*

— *Como será esta conclusão?* — Lenita quis saber.

— *Recordou o que passou com você, mas, para melhor entender, é necessário saber o que aconteceu com todos os envolvidos.*

— *Obrigada, Sônia! Está me ajudando muito.*

A trabalhadora do departamento sorriu.

Lenita pediu dispensa do trabalho na Biblioteca e foi para seu quarto. Sentou-se na poltrona e ficou pensando:

"*Não tenho por que me julgar melhor que os outros por ter desencarnado jovem, ter tido câncer nos ossos, ter cortado meu* braço. *Mudei de plano, fui socorrida e fiquei bem. Fui por um bom tempo, para todos, a coitadinha. Aquela garota inocente que sofreu muito. Não pecou, não cometeu erros. Na adolescência ficou enferma e desencarnou como uma santinha. Também não vejo motivos para me julgar uma má pessoa. Fui assassina, maldosa e sofri no umbral. Se as pessoas, nesta encarnação, soubessem o que fiz, ao me verem sem o braço, sentindo dores, sem os cabelos, com certeza, diriam: 'Bem feito! Está pagando!'. Deus é justo e misericordioso! Faz-nos esquecer temporariamente o passado quando encarnados e nos dá novas oportunidades. Se não, ficaria pela eternidade no umbral, mas fiquei o tempo que me foi necessário. Concluo que não devemos ser orgulhosos. Nós achamos que somos melhores do que os outros. O que mais me prejudicava era sentir autopiedade. Ainda bem que não senti Deus ser injusto. Sempre que contava a minha desencarnação, enfatizava meu sofrimento. Era uma heroína! Sofri sem blasfemar. Embora cansada, nenhuma vez disse que Deus era injusto. Com certeza, sentia no meu íntimo, meu espírito sabia que deveria passar por tudo aquilo. Estas recordações me fizeram compreender que desequilibrei-me ao fazer maldades e que o sofrimento me foi necessário para me harmonizar. Nunca mais vou me vangloriar ao contar de minha doença e de minha desencarnação. Estive, no passado, por muito tempo no umbral, fui socorrida, tive oportunidade de reencarnar, aprender com o sofrimento. Isto é graça! Agora aprendi, e a mais importante lição é a de que o orgulho não tem razão de ser."*

Lenita sentiu vergonha por ter tantas vezes contado sobre sua doença, dos momentos difíceis que passou e de ter merecido ser socorrida.

Depois de muito pensar, decidiu:

"Vou ser útil! Fazer tudo o que for possível para ser uma serva. Nunca vou me esquecer destas minhas duas encarnações. Uma em que agi muito errado, sofri no umbral e por isso devo compreender

os que estão no erro e não julgar o errado. E esta última em que tive a oportunidade de me equilibrar pela dor".

Resolveu ir à sala de orações. Na escola, logo após a portaria, tem uma sala com várias cadeiras onde os frequentadores vão orar. Por três vezes ao dia, em horários marcados, faz-se a leitura dos Evangelhos. Alguém lê um texto, comenta, e todos oram. Lenita gostava de ir. Naquela noite, sentiu necessidade. Muitos iam, eram professores e alunos. Lenita lembrou da primeira vez que foi com a turma do curso e com a professora Márcia. Edson comentou: "É o Evangelho no Lar! Minha família faz a leitura do Evangelho toda semana". Márcia explicou: "É feita a leitura do Evangelho em diversos lugares na colônia: nos departamentos, no hospital, na escola e nas residências. Muitos que participam deste culto, ao reencarnarem, sentem necessidade de continuar fazendo em seus lares terrenos".

Lenita entrou na sala, sentou-se e orou. Logo outros chegaram e se acomodaram. Nestas reuniões liam textos dos quatro evangelistas que estão na Bíblia, artigos de livros sobre os ensinos de Jesus e *O Evangelho Segundo o Espiritismo*, de Allan Kardec, e foi este que foi lido naquela noite. Com voz harmoniosa, Maria Isabel, uma professora da escola, leu:

— *O capítulo treze, "Que vossa mão esquerda não saiba o que faz vossa mão direita", no item doze, ditado por São Vicente de Paulo, em Paris, em 1858, nos ensina: "Sede bons e caridosos: esta é a chave dos Céus que tendes em vossas mãos. Toda felicidade eterna está contida neste ensinamento de Jesus: Amai-vos uns aos outros. A alma somente pode se elevar às regiões espirituais pelo devotamento ao próximo e apenas encontra felicidade e consolo na prática da caridade. Sede bons..."*

Lenita se emocionou, escutou os comentários e orou. Voltou ao quarto e adormeceu tranquila.

Serena e com muita atenção, no outro dia, iniciou seus trabalhos. O importante é que estava com muita vontade de aprender. Não se sentia superior por estar servindo nem inferior por saber que errara tanto.

"O importante é o equilíbrio!", concluiu.

Sentiu que uma nova etapa recomeçara. De sua renovação!

12º capítulo

Compreendendo os fatos

Os mais próximos a Lenita notaram que ela estava diferente: os amigos do coral, Consuelo, a professora de volitação e os companheiros de trabalho. E estava realmente, sentia-se mais segura e com vontade de aprender.

"*Estou ciente do que sou. Uma aprendiz que deve se esforçar para ser útil. Notaram-me diferente porque com certeza deixei aquele ar de mártir que merecia estar aqui na colônia. Agora sei que, se estou, é por misericórdia, porque Deus está sempre nos dando oportunidades.*"

Voltou ao Departamento da Reencarnação, desta vez, tranquila. Enquanto aguardava, sentou-se ao seu lado um senhor que, após cumprimentá-la, indagou:

— *Você sofreu quando desencarnou?*

— *Desta vez não!* — respondeu Lenita. — *Fiz minha passagem depois de uma longa doença e na adolescência. Pude ser socorrida. O senhor teve dificuldades?*

— *Sim, as tive!* — o senhor suspirou. — *Meu orientador me explicou o porquê, mas foi depois de um tempo aqui que compreendi. Sofri porque senti que perdi meu modo de viver. Muitos desencarnados sofrem com a mudança de plano e muitos padecem por este motivo, perde-se o prazer das sensações. Encarnado, vivi intensamente estas sensações. Retornei ao plano espiritual e fiquei sem elas. Senti-me como um viciado sem a droga. Identifiquei-me* muito com meu corpo físico e com a maneira que vivia, senti muito ao ficar desprovido deste fato. Pensei erroneamente que fosse punição. Padeci pela falta da minha atividade e por comparar as minhas vivências lá e aqui. Entendi que sofri pelo sentimento de perda. Deus não nos pune, somos nós que nos punimos. Somos espíritos talvez de milhões de anos, mas me fixei na minha última encarnação. Sofri as consequências dela. Estou tentando absorver o ensinamento de que não importa o que eu fui, mas o que sou.

    Lenita escutava-o atenta, sorriu, e ele continuou:

— Vim aqui pedir para reencarnar. Espero voltar ao plano físico, agir diferente e não me esquecer de que devo ser melhor.

— Espero que consiga! — desejou Lenita.

    Ela foi chamada. Sônia a recebeu sorrindo e pediu para Lenita sentar numa cadeira em frente à sua escrivaninha.

— Lenita, vamos aos fatos. Você reencarnou na Espanha, numa época que todos temiam a Inquisição. Seu pai era agricultor, comerciante e autoritário, mandava em todos. O casamento de seus genitores foi arrumado pelos seus avós, eles não se amavam. Seu pai se decepcionou com seu filho único, achava-o fraco e sem iniciativa. Sabia que o filho via espíritos, isto o apavorava. Na Inquisição, quando prendiam algum médium, este era taxado de feiticeiro, normalmente a perseguição abrangia todos os familiares e, nestes casos, eram confiscadas as finanças da família. Seu pai sabia que não era amado pela esposa, isto lhe era indiferente. Traía, mas não podia ser traído. Quando você o fez desconfiar da fidelidade da esposa, ele e o empregado passaram a vigiar a residência paroquial. Seu genitor concluiu que a esposa o traía com o padre. Resolveu agir, mas com cuidado. Ele e o empregado planejaram tudo. Os dois, depois que a mulher entrasse na casa, entrariam e os surpreenderiam. Ele mataria o padre com uma faca e o empregado estrangularia a mulher. Ele levaria a esposa para a casa, a colocaria no leito e diria a todos que ela morrera dormindo. O servo completaria o plano, roubaria e *partiria com o cavalo escondido na rua dos fundos. Mas a empregada desconfiou porque o homem fiel ao seu genitor disse por três vezes que ele e o patrão se ausentariam. Estava anunciando demais um fato que ocorria sempre. Contou sua desconfiança à patroa. As duas decidiram que sua genitora não iria ao encontro e que a amiga avisaria o padre. No horário marcado, a empregada saiu da casa como sempre com a capa escura e entrou no lar do sacerdote. Os dois foram atrás e fizeram o combinado. Seu pai esfaqueou o vigário e o servo estrangulou a moça. Quando viram que a mulher era a empregada, já era tarde, os dois estavam mortos. Então, o cúmplice deste crime levou, além dos objetos roubados, o corpo da jovem servidora. Tudo deu certo. Ele enterrou o corpo num local de difícil acesso, na floresta. Seu pai entrou no seu lar, subiu as escadas sem fazer barulho e, de seu quarto, viu a esposa dormindo. Saiu da casa e foi para a fazenda. Porém, ficou inquieto, teve medo de ser descoberto, estava sempre nervoso, arrependeu-se por ter sido precipitado e passou a se embriagar.*

Fez uma pausa.

"*De fato, saber como tudo ocorreu está me fazendo compreender todos os acontecimentos*", pensou Lenita.

— Seu irmão — continuou Sônia — *era médium, ele via, escutava pessoas mortas, ou seja, espíritos, não compreendia e tinha medo por vê-las e da Igreja. Via a tia que se suicidara, que permaneceu por um tempo no quarto sentindo-se dependurada, enforcada. Ninguém, além dos pais, ficou sabendo de sua mediunidade. Sua mãe sofreu muito, pelo marido grosseiro e por não conseguir ajudar as filhas. Amou realmente o padre, foi um reencontro de espíritos afins. Erraram, os dois não deveriam ter sucumbido a este amor. Ele era um sacerdote, e ela, casada. Embora este sacerdote tentasse ser uma pessoa boa, não tinha vocação, foi para o convento por imposição de seu pai. Sofreu muito no convento. Desencarnou, perdoou, arrependeu-se de seu erro, esperou por sua mãe e, quando* ela desencarnou, ajudou-a, e, aqui no plano espiritual, planejaram reencarnar e se unir.

Sônia fez uma pausa, olhou para Lenita e indagou:

— Tudo bem?

— Sim, continue, por favor — pediu Lenita.

— Seu irmão a alertou de sua escolha para marido. Se tivesse casado com o homem que seu pai escolhera, teria sido melhor para você: ele era boa pessoa, caridoso, iria tratá-la bem, fazê-la ser religiosa. Teria sido o marido certo para você.

— Daria a mim o que necessitava: religião, educação e talvez aprendesse com o exemplo dele a ser caridosa.

— Ele a educaria, levando-a à compreensão da vida — concordou a trabalhadora do departamento.

— Em vez de aceitar, como minhas irmãs e como a maioria das mulheres, pois era costume das pessoas do local casar por imposição, pela escolha dos pais, agi imprudentemente e matei meu pai — queixou-se Lenita.

— Seu pai desencarnou pela queda e foi, por afinidade, para o umbral.

— Tem como saber como ele está atualmente?

— Na ficha, há a informação de que ele é morador do umbral — respondeu Sônia.

— Devo lhe pedir perdão.

— Por agora não — aconselhou a orientadora. — Ele, na época, não ficou sabendo quem o empurrou e depois não se interessou. Gostou de ter se enturmado com outros afins na zona umbralina e pensa que está bem. Se quiser mesmo pedir perdão a ele, prepare-se antes, harmonize-se. Terá de ir ao umbral para encontrá-lo e provavelmente não será um reencontro agradável. Vamos voltar à conclusão de suas lembranças. Quando decidiu assassinar seu marido, ingenuamente modificou suas atitudes, o que chamou atenção dele. Parou de brigar. Servia a bebida. Estava *ansiosa. Ele passou a trocar os copos, os dele pelos seus. E foi numa destas trocas que você bebeu o vinho com veneno e desencarnou. Fez sua mudança de plano como assassina. Matou seu genitor e, embora não tenha matado o marido, teve a intenção. Seu esposo logo se casou de novo; seus dois filhos sentiram sua morte, mas o pai os agradou, cresceram e a esqueceram. Você, ao desencarnar, foi atraída para o umbral, onde sofreu por muito tempo.*

— *Sinto que reconheço algumas pessoas que estiveram comigo nesta encarnação, na que recordei* — falou Lenita.

— *Pois bem: concentre-se e lembre-se.*

Lenita o fez. Viu a empregada, a que fora amiga e leal à sua mãe como sua avó Rutineia, sua vozinha Rute. As duas continuam amigas como mãe e filha.

— *Minha mãe, Marlene, foi também minha mãe no passado!* — exclamou Lenita. — *Por isso, ao recordar dela chorando, a confundi com minha mãe atual. Elas são o mesmo espírito!*

— *Isto ocorreu.*

— *Meu pai! Meu Deus! Meu pai Lourival foi o padre!*

— *Seus pais* — Sônia continuou a elucidá-la — *se amam muito. Espíritos afins já estiveram juntos em outras encarnações. Nesta anterior, a de que se lembrou, os dois haviam prometido ficar separados. Reencontraram-se e não foram capazes de resistir, sucumbiram à prova. Nesta atual, estão aprendendo a amar sem paixão, de forma tranquila.*

— *Mamãe! Por que me quis perto dela? Fiz a ela uma maldade.*

— *Sua mãe* — falou Sônia — *desconfiou de que foi você quem alertou o marido de que estava sendo traído. O padre percebeu seu interesse, de que queria conquistá-lo e o perseguia, então passou a evitá-la e contou à sua mãe. Ela teve a confirmação de sua suspeita quando, numa noite, seu pai, embriagado, falou a ela da conversa que teve com você, em que o alertou que o padre tinha uma amante. Sua genitora sofreu muito com a morte de sua melhor* e única amiga e de seu amor, e o fez calada. Sentiu também remorso por ter se envolvido com o padre. Porém, ficou aliviada com a viuvez e acreditou no filho quando ele lhe contou que tinha certeza de que fora você quem empurrara o pai da escada. Sua mãe passou a ignorá-la, não a alertou de sua escolha para marido, não lhe disse que achava que não daria certo. Desencarnou e compreendeu que falhara como mãe, que deveria ter lhe dado mais atenção, aconselhando-a, que deveria pelo menos ter tentado fazê-la ser uma pessoa melhor. Mesmo sabendo da possibilidade de você ter uma reencarnação de período curto, a quis como filha para tentar educá-la.

— Conseguiu! Que espírito maravilhoso é mamãe! — exclamou Lenita emocionada. — Estou pensando em cada uma das pessoas que esteve comigo nesta existência na Espanha. Penso que não tinha afinidade com meu marido nem com meus dois filhos e também com minhas irmãs. O irmão! É tio Benício! Novamente é médium e agora está empenhado em aprender a ser útil com sua mediunidade. Reconheço somente estes.

— De fato, são somente estes, é o que tenho aqui anotado — Sônia concordou. — Nem sempre nos reencontramos com as mesmas pessoas. Necessitamos ampliar nossos afetos. Você, quando pôde ser socorrida, veio para cá, ficou no hospital se recuperando. Marilene quis recebê-la novamente por filha para orientá-la e ajudá-la. Ela reencarnou, mas lhe deixou uma carta convidando-a a voltar ao plano físico perto dela como filha. Você, sentindo-se melhor, leu a carta e desejou reencarnar. Sua mãe tentava engravidar. Você, junto de orientadores, visitou-a, alegrou-se ao saber que seu futuro genitor fora o sacerdote e que eles se amavam e estavam bem. Conversou com Lourival quando seu espírito se afastou do corpo físico adormecido, e ele a aceitou; então reencarnou.

— Com certeza me preparei e escolhi passar pelo que passei. Planejei minha doença. Não foi? — concluiu Lenita.

— Isto não ocorreu — explicou Sônia. — Você saiu do hospital para reencarnar. Não houve planejamento. Quis se harmonizar, equilibrar o que desequilibrara.

— Reencarnei e passei para o corpo minha desarmonia? — perguntou Lenita.

— Sim, isto ocorreu. Fica em nós, no nosso espírito, tudo o que nos acontece. Ao reencarnarmos, transferimos para o físico o que cristalizamos em nós e que nos acompanha em nossa trajetória, as qualidades boas ou más. Ações equivocadas nos desequilibram e temos de nos equilibrar. Atraímos para nós o que necessitamos para evoluir.

— Será que com Vânia, a minha colega de curso que também recordou o passado, aconteceu assim? Ela se diferenciava de mim porque antes de reencarnar trabalhou num posto de socorro no umbral.

— Lembro dela, fui eu quem a atendeu. A reencarnação dela também não foi planejada com detalhes. Ela pediu para ter a pele negra. O remorso a incomodava, quis se harmonizar, e isto ocorreu.

— Atraiu para o corpo físico a lição de que necessitava para aprender. Pelos seus atos passados, ficou com a predisposição para adoecer, não foi?

— Isto mesmo! — confirmou Sônia. — Ficam registradas no nosso espírito todas as nossas experiências, boas ou ruins. Ao reencarnarmos, as transferimos para o físico.

— Que pode ser sadio ou doente! — concluiu Lenita.

— É isto mesmo!

— Por que alguns, pelos mesmos atos equivocados, sofrem mais que outros?

— Aquele que sabe — respondeu a orientadora — tem consciência de que está agindo errado, tem mais responsabilidades do que aquele que fez o mesmo ato sem pensar, ignorando a extensão da maldade cometida. Entretanto, por terem se desarmonizado, os dois sofrem. Se nossa felicidade depende de nossa harmonia, a desarmonia nos traz dor, e esta durará enquanto se mantiver este estado de rebeldia e de desequilíbrio.

— Sônia, acertamos ou erramos pelo nosso livre-arbítrio. O que é livre-arbítrio?

— É a liberdade de criarmos valores que podem ser positivos ou, infelizmente, negativos, podendo, assim, sermos, por nossas escolhas, pessoas boas ou más. Porém, somos responsáveis pelos nossos atos.

— Há caso de alguém ficar sem livre-arbítrio?

— Não existe — respondeu Sônia — ser humano sem este atributo. Porém, temporariamente, por alguma anormalidade, este pode ser inibido. Nós, você e eu, que vivemos no plano espiritual, também o temos, porque este atributo não é somente do corpo físico, é da natureza humana.

— Estou compreendendo muitas coisas — falou Lenita. — Quando estava encarnada, pelo meu tratamento, fui muitas vezes a hospitais. Vi muitas crianças doentes e muitas desencarnaram. Ficava pensando no porquê de crianças estarem enfermas. Ao escutar "porque Deus quis", não entendia e não queria pensar nisto porque não queria concluir que Deus é injusto. Aqui, no plano espiritual, ao saber e compreender a reencarnação, concluí que Deus é realmente tudo e muito mais do que os atributos que lhe damos. Mas indaguei: "Por que crianças? Por que elas sofrem? Será que maltrataram outras pessoas em suas vidas passadas? Muitas são abandonadas... Não é porque abandonaram? Mas por que ficam doentes?". Compreendo agora que, como ocorreu comigo, em muitos espíritos a desarmonia incomoda, faz sofrer e desejam com urgência se harmonizar. Este desequilíbrio é forte, e o espírito sente vontade de se equilibrar.

— Isto pode ocorrer — concordou Sônia. — Quando vemos uma criança enferma, sentimos comoção, mas não devemos esquecer que seu espírito já viveu em muitos outros corpos físicos.

— *Poderiam ficar doentes quando estivessem adultos* — opinou Lenita.

— *Muitos o fazem. Deixam para se equilibrar com mais idade, talvez na esperança de se harmonizar fazendo o bem. Alguns conseguem, mas infelizmente uma grande parte tem de se harmonizar pela dor. Outros não confiam em si, temem se desarmonizar mais ainda. Confiam mais na dor para ensinar. Quando isto ocorre, a enfermidade vem na fase infantil. Normalmente, estes espíritos, como ocorreu com você, se equilibram.*

— *Não provei nada do que queria nesta encarnação. Fui assassina no passado. Será que, se vivesse muito na carne, teria matado alguém ou sentido vontade?*

— *Talvez não* — consolou Sônia. — *Lembro-a de que sofreu muito no umbral por este motivo. Reencarnou numa família estruturada, recebeu uma boa educação. Se continuasse encarnada, na fase adulta, teria muitas ocasiões para fazer o bem e o mal. Penso que você quis se harmonizar antes de passar pelas provas que deseja, de que necessita. São escolhas que fazemos até sem planejamento.*

— *Terei de provar nas próximas encarnações!* — Lenita suspirou.

— *Com certeza o fará, porém estará mais segura. Sentindo-se bem, com os erros anulados pela dor e o espírito fortalecido pelo sofrimento, você se sentirá mais segura para passar pelas provas e sair vitoriosa.*

— *Penso que, depois da doença, como sofri muito, mesmo se não tivesse desencarnado, talvez seria uma pessoa melhor.*

— *O sofrimento* — elucidou a trabalhadora do departamento — *sempre ensina, porém muitos se revoltam com ele e, quando isto ocorre, acumula-se mais energia negativa; se não aprendeu, talvez tenha este revoltado de passar novamente pelo aprendizado. Sei que muitos se tornam melhores depois do sofrimento, e outros infelizmente não conseguem.*

— Penso que minha enfermidade foi, para mim, uma graça. Nesta minha última encarnação, não cometi erros, sofri, equilibrei-me, porém não tive prova nenhuma — lamentou Lenita.

— Como não? Teve, sim! Por nenhum momento se revoltou, orou muito, não desejou mal a ninguém. Orou para outras pessoas doentes. Resignou-se.

— E, se não me recordo do passado, continuaria pensando que era uma santinha — Lenita riu.

— Se tivéssemos uma encarnação única, poderia ser uma santinha — Sônia também sorriu.

— Será que muitos dos santos que foram mártires não foram, como eu, pecadores?

— Alguns sim, outros não; uns eram espíritos sábios que reencarnaram tanto para provar a si que realmente haviam aprendido ou para auxiliar entes queridos ou a humanidade. Quando melhoramos a casa que vivemos, melhoramos para nós e para todos que nela habitam. Nossa casa, lar, é a Terra.

— É para me preocupar com minha prova? Com certeza terei de reencarnar e provar que não serei capaz de matar, assassinar — Lenita se preocupou.

— Você já não escolheu? Não quer reencarnar e estudar Medicina para salvar vidas? — indagou Sônia.

— É isto mesmo! Mas planejei fazer muitas outras coisas antes, aqui no plano espiritual.

— Será um bom preparo.

— Planejo estudar, fazer o curso extensivo de reconhecimento do plano espiritual, ir se possível a uma colônia de estudo para estudar, depois ir trabalhar junto de médicos encarnados em hospitais.

— Estas suas atividades lhe darão segurança para realizar o que deseja encarnada — Sônia a incentivou.

— Sei que me prepararei na teoria sobre o que é ser médica e sanar dores. A prova será o que farei no corpo físico.

— O importante é o presente. Planejar e deixar para o futuro é correr o risco de nossos planos estarem sempre no futuro, e este nunca se tornar presente. O importante é sempre o agora, não é o ontem nem o amanhã. Faça o que lhe cabe hoje. Tarefas prontas darão lugar a outras. Fazendo sempre o que planeja, um dia terá concluído.

— Ainda bem que não existe castigo eterno; se não, estaria no inferno, ou seja, no umbral — Lenita suspirou aliviada.

— Castigo é livrar-se do erro. É um padecimento que nos liberta da culpa. E este deve ser para corrigir e não ser visto como punição; e se for para se vingar, aí é maldade. O castigo, no caso, aprendizado, dura somente o necessário.

— Ainda bem que não temos uma existência somente! — exclamou Lenita.

— A crença de uma só existência não foi o suficiente para mudar as pessoas. Temos provas de que nosso espírito sobrevive à morte do corpo. Trazemos para o plano espiritual o que fomos no plano físico. Mudamos somente quando nos conscientizamos desta necessidade. Entender a reencarnação é acreditar na justiça e sabedoria do Pai Criador e na possibilidade de evoluir.

— Estou pensando muito no futuro.

— Vamos — Sônia continuou gentilmente elucidando — dar valor ao momento que estamos vivendo. Realize no presente. Como é incerto deixar para depois! Não deixe nunca de fazer. Àqueles que adiam sempre as atitudes que lhes cabem no presente, a reencarnação irá lhes parecer um "vai e volta", não mudam. Parece que caem num buraco, saem e caem novamente. Deixar sempre para evoluir no futuro é ignorar as verdades, os ensinamentos de Jesus.

— Com certeza não terei mais trauma. Poderei ver o umbral?

— Sim. Peça ao professor Daniel para que, quando ele for explicar sobre o umbral, você possa assistir aos vídeos e ouvir as explicações.

— *Isto será importante* — falou Lenita — *para o que desejo fazer, estudar. Porém, o que de bom aconteceu comigo foi perder o ar de mártir. Penso que sou outra pessoa.*

— *Compreenderá quem errou, quem sofre.*

— *Rejeitar o erro, mas amar aquele que erra!*

— *É isto aí, garota! Se não tiver mais nada para perguntar, pode ir agora.*

— *Sônia, agradeço-a! Muito obrigada!*

Abraçaram-se despedindo-se.

13º capítulo

A visita

Lenita dedicou-se ao trabalho e às pessoas, passou a ouvi-las, principalmente no hospital. A maioria dos internos gostava de falar de suas desencarnações, porém era a saudade dos familiares, dos seus ex-lares e de tudo o que deixaram no plano físico o assunto preferido. Falavam para desabafar e, quando alguém as escutava, sentiam-se bem, que recebiam atenção. Embora Lenita também sentisse saudade, tinha a sua amenizada quando aconselhava os queixosos, consolava-os e, como sempre acontece, era ela a maior consolada.

Pediu a Daniel para que pudesse assistir às aulas sobre o umbral. Matriculou-se no curso extensivo de conhecimento do plano espiritual. Teria de esperar o início de uma nova turma.

Daniel avisou-a sobre os dias que seriam dadas as explicações sobre a zona umbralina, Lenita pediu para ser dispensada do trabalho e foi assistir. O grupo era de doze jovens. Ela ficou contente por rever Marina, a garota com quem dividira o quarto quando estava no hospital.

Sentiu-se tranquila durante todas as aulas. Locais de sofrimento comovem normalmente os alunos, e ver os moradores, aqueles que residem lá e que dizem gostar do lugar, é muito triste. Lenita gostou das aulas. Prestou muita atenção, principalmente quando Daniel disse:

— Necessitamos muito de socorristas para os diversos trabalhos no umbral.

— É verdade — perguntou um aluno — que em quase todas as tarefas faltam servidores?

— Sim, é! — exclamou Daniel. — Na atual situação de nosso planeta, o número de necessitados excede muito o de servidores.

— É por isso que estamos aprendendo? — indagou uma garota. — Para sermos trabalhadores?

— Vocês estão sendo convidados a deixar de ser servidos para ser úteis — respondeu Daniel.

— Isto ocorre mesmo — opinou Marina. — Desde que desencarnei, fui trazida para cá, nada fiz, estou sendo somente servida.

— Passou por uma situação em que necessitou deste atendimento; a partir do momento que não precisar mais deste cuidado, deve aprender para ser útil e ajudar como foi auxiliada — aconselhou o professor.

O estudo sobre o umbral terminou, Lenita agradeceu, sentiu que realmente superava seu trauma.

Os alunos, após Daniel ter saído da sala, ficaram conversando. Comentavam as visitas que estavam recebendo e que três deles poderiam visitar a família nos seus ex-lares terrenos.

"Agora", pensou Lenita, "sinto-me fortalecida para visitar minha família. Vou pedir isto a Márcia."

Saiu da sala e foi procurar pela professora, que a recebeu com um abraço.

— Márcia, sinto-me fortalecida, adaptada e mais amadurecida, gostaria de visitar minha família.

— Posso incluí-la nas visitas que faremos, Catarina, eu e os alunos, na semana que vem.

Alegre, aguardou ansiosa. Para se distrair, no seu tempo livre, ia ver o jogo que todos os dias tinha no pátio da volitação. Jogo aéreo entre dois times. Os componentes, sempre em números pares, que podem ser de até vinte em cada equipe, participavam contentes. É uma mistura de futebol de salão e basquete. A bola é o principal objeto, ela é leve do tamanho da usada no futebol dos encarnados. Os jogadores ficam suspensos do chão e, a quatro metros, estão as traves de um metro de diâmetro e que são quadradas. A bola é jogada no ar pelo coordenador. Não há juiz, todos têm de aprender a jogar com honestidade. Este coordenador inicia e termina o jogo. A duração é combinada antes. É o jogo preferido dos jovens, eles se divertem e aprendem muitas coisas, como respeitar os outros, divertir-se de forma saudável, sem magoar o próximo, seguir regras, ganhar honestamente, volitar, ajudar os que têm mais dificuldades e fazer parte de uma equipe. Os jogadores volitam atrás da bola e, quando a pegam, levam-na para a trave do time adversário e os membros da outra equipe a protegem. Lenita gostava mais de assistir do que de jogar, muitas vezes era a coordenadora. Como em tudo, seja trabalho, estudo ou lazer, para transcorrer bem, o jogo necessita de uma pessoa para dirigi-lo e coordená-lo. Distraíam-se e normalmente davam boas risadas.

Lenita acordou cedinho no domingo. Orou, pedindo a Deus serenidade; logo iriam de aeróbus ao plano físico para a tão aguardada visita. Iriam vinte desencarnados. Entre estes, estavam os que, como Lenita, iam visitar os familiares e acompanhantes, como Márcia, Catarina e três outros que assistiriam parentes, como Leonardo, que estava com o avô que desencarnara havia oito meses, e Mariana, que estava indo com a filha, que mudara de plano havia dois anos.

— Meus queridos — disse Catarina a todos —, *vamos numa excursão ao plano físico com o objetivo de visitar familiares. Muito já foi dito como proceder nestes reencontros. O mais importante é ficarem calmos em qualquer situação que defrontem.*

Lembro-os de que muitas coisas podem ter mudado. Porque todos os que estão aqui têm familiares que sofreram e ainda sofrem com suas ausências. Por isso aconselho-os a ficarem serenos, a olhá-los com carinho e gratidão. Eles não os verão, talvez alguns possam senti-los, lembrar de vocês. Transmitam amor a eles. Pode ser que encontrem alguém da família com dificuldades, poderão somente incentivá-los pedindo para terem fé e serem corajosos. Também os recordo que lá foi seu lar. Foi! Não moram mais naquela casa. Por nada devem querer ficar. Vamos orar: "Jesus, Nosso Amigo e Mestre, rogamos por serenidade. Dai-nos força para que esta visita seja um reencontro de alegria e que possamos nos manter serenos".

Acomodaram-se no aeróbus, e este partiu rumo à cidade onde permaneceriam por seis horas. O veículo estacionou num pátio de um centro espírita. Este pátio, que fica acima da construção física, é usado e visto somente pelos desencarnados. Desceram e se dispersaram. Saíram para as visitas. Márcia acompanhou um aluno; Catarina, outro; e dois trabalhadores do centro acompanharam Lenita e o outro aluno.

— *Sua irmã* — contou Ester, a trabalhadora do centro que acompanhou Lenita —, *seus avós e seus pais têm vindo ao centro espírita, e seu tio está aprendendo a lidar com a mediunidade para ser útil. Vamos?*

Volitaram. Ansiosa, Lenita não prestou atenção na cidade e apertou com força a mão de Ester quando se aproximou da casa em que residiu por anos. Tudo estava do mesmo jeito. Entrou na sala, viu sua foto no quadro na parede, tirada antes de adoecer. Seu pai estava na janela, a mesma em que ela ficava horas observando a rua. Aproximou-se do pai. Abraçou-o. Seus braços atravessaram o corpo carnal do genitor, porém sentiu-o perto. Emocionou-se, mas, tentando seguir as orientações, acalmou-se.

Ela, então, prestou atenção na sala. Deu dois passos e ficou perto de uma mesa lateral. O vaso azul de cristal de que sua mãe tanto gostava ornava a mesinha. Colocou a mão, que atravessou o vaso. Sorriu.

"*Tudo tão igual e ao mesmo tempo tão diferente!*", pensou Lenita. "*Temos, na colônia, mesas, cadeiras; lá podemos sentar, tocar nos objetos. Embora sejam cadeiras, aqui não consigo sentar nelas. Se alguém duvidar que mudou de plano, basta prestar atenção nestas diferenças.*"

Olhou novamente seu pai, ficou pertinho dele.

"*Ele está do mesmo modo! Eu é que mudei! Papai me parece grosseiro! Meu corpo se difere tanto do dele! Na colônia, não vi esta diferença. Agora, comparando, entendo que sou revestida de um corpo perispiritual, e papai, de um corpo carnal. É incrível! Maravilhoso! Perfeito demais!*"

Lourival, numa sintonia de amor, lembrou-se da filha, imaginou-se abraçando-a e exclamou:

— Lenita, *filhinha amada, quero que fique bem, sadia e feliz!*

— Estou, papai, estou como deseja. Amo-o!

— Lourival! — chamou Marilene da cozinha. — *Por favor, pegue para mim a travessa que está no armário, vou colocar a sobremesa nela.*

Lenita foi à cozinha. A mãe preparava um doce. Iriam almoçar na casa dos avós. Olhou a mãe com amor.

— Mamãe! Mãezinha! Amo-a tanto!

Como fez com o pai, abraçou-a. Marilene estava atenta ao doce. Porém suspirou e comentou com o marido:

— Lenita gostava tanto desta sobremesa! Não sei por que estou me sentindo menos saudosa. Coração de mãe não se engana, minha filhinha está feliz!

A visitante sorriu, olhou-os com muito carinho e exclamou:

— *Obrigada! Muito obrigada pelo que fizeram por mim!*
— *Estou pensando* — falou Lourival — *que Lenita deve estar agradecida. Sinto nossa menina grata pelo que fizemos a ela. Não foi somente por obrigação, fizemos por amor.*
— *Isto é verdade!* — exclamou Marilene. — *Tudo o que podíamos, fizemos, e com carinho. Também sou grata por ser mãe dela!*
— *Ainda bem que falou que "é" mãe, e não que "foi".*
— *Uma vez mãe, sempre mãe! Mais quinze minutos e poderemos ir à casa de mamãe.*

Ester ia aonde Lenita ia, não falava nada, somente observava.

— *Ester* — pediu Lenita —, *será que posso ir à casa dos meus avós paternos? Depois irei à casa da vovó Rute para vê-los todos no almoço.*
— *Sim, levo você. Vamos, me dê a mão.*

Volitaram. Em instantes estavam no lar de Fátima e Jaime. Lenita os abraçou e agradeceu. Moravam somente os dois numa casa grande. Eles estavam na cozinha preparando o almoço. Lenita gostava, quando encarnada, de ir à casa deles. Agora entendeu o porquê. A vibração daquele lar era boa, agradável. Seus avós, todas as terças-feiras, oravam juntos e liam, por dez a quinze minutos, um texto do Evangelho. Fátima era muito caridosa, e o avô Jaime, uma pessoa que estava sempre ajudando parentes e vizinhos. Muitas pessoas o procuravam para pedir conselhos. Os dois não sentiram a presença da neta e, naquele momento, não pensavam nela. Lenita pegou na mão de Ester e a levou para o pequeno jardim na entrada da casa.

— *Será que posso fazer mais duas visitas? São duas amigas. Elas me visitavam quando estive enferma e, quando desencarnei, oraram muito por mim e ainda recebo o carinho de suas orações. Moram aqui perto.*

Ester concordou, e foram. Ao entrar na casa de Letícia, sentiu que o ambiente não estava bom. Encontrou sua amiga gripada e triste. Aproximou-se, a garota pensou, e, surpresa, Lenita a escutou:

"Como é ruim ficar doente! Estou aborrecida com uma simples gripe! Fico imaginando o que Lenita não passou enferma por tanto tempo. Ela deve estar bem melhor que eu. Estou mesmo preocupada com meu irmão. Soubemos que ele está se drogando. Desde a semana passada que são só brigas aqui em casa".

Ester pegou na mão da garota que estava acompanhando e a levou ao outro quarto, do irmão de Letícia. Lenita o conhecia de vista. Ao lado dele, estavam dois desencarnados sujos, maltrapilhos, com expressões perturbadas. Ela teve medo e se aproximou mais de sua acompanhante.

— *Faça uma prece* — pediu Ester. — *Vamos orar por eles.*

Lenita orou o Pai-Nosso e rogou ao Mestre Jesus ajuda para os três. Ester se concentrou e rogou também para que eles se lembrassem de Deus. Os dois desencarnados se inquietaram. A boa energia produzida pela oração fez com que melhorasse a perturbação deles.

— *Vamos embora!* — falou um deles ao outro. — *Este aí pelo jeito não irá tomar nada. A família está atenta.*

— *Concordo, vamos para a pracinha. Não estou gostando daqui. Está muito chato.*

Volitaram. Lenita suspirou aliviada.

"Que tristeza!", pensou ela. "*Como é ruim ter medo de outro ser humano. Eu, desencarnada, com receio de outro desencarnado, embora sentindo pena. Tenho muito o que aprender!*"

Ester aproximou-se do moço e falou com ele, que não a escutou, porém sentiu o apelo dela como se fosse seu pensamento.

— *Por favor!* — rogou Ester. — *Pense em Deus, Jesus, Maria, rogue por ajuda. Se não consegue mais ficar sem as drogas, peça auxílio. Interne-se, faça tratamento. Escolha a vida!*

Deixando-o pensativo, Ester pegou na mão de Lenita e foi à cozinha, onde os pais de sua amiga conversavam. A trabalhadora do posto do centro espírita orou novamente.

— Estou com vontade de rezar! — exclamou a mãe de Letícia.

Orou um Pai-Nosso e uma Ave-Maria.

— Vamos — pediu a senhora — conversar novamente com nosso filho, não com agressão, mas com amor? Talvez o convençamos a se internar, fazer um tratamento.

O moço entrou na cozinha e o fez chorando. Os pais o abraçaram.

— Ajudem-me! — pediu o jovem.

— Amamos você, filho! — exclamou a mãe, chorando também.

Lenita emocionou-se.

— *Quando optamos por servir, sempre encontramos situações em que possamos ser úteis* — Ester sorriu.

Lenita voltou ao quarto, abraçou a amiga e desejou que sarasse e que tudo ficasse bem em seu lar.

Foi rever Valentina, a amiga Tina. Encontrou-a estudando. Seu lar estava em paz, porém ela brigara com o namorado e estava sofrendo. Lenita orou por ela. Pegou a mão de sua acompanhante, suspirou e exclamou:

— *Bastou eu ficar sem problemas por um tempo para esquecer que viver encarnado não é fácil.*

— *Também não é difícil* — Ester sorriu. — *Quando se tem problemas, procuramos por soluções. Crescemos com as dificuldades!*

"Pena", pensou Lenita, "que ninguém me percebeu, me viu. Quando encarnada, se visse um desencarnado, iria sentir muito *medo, pavor. Agora que estou desencarnada, entendo que este medo não tem razão de ser, continuamos os mesmos."*

Foram ao lar de seus avós maternos. Eles terminaram de almoçar, conversavam animados. Benício, o tio, percebeu a presença da sobrinha, porém duvidou.

"Será mesmo Lenita?", pensou Benício. "Não irei falar nada. Pode ser minha imaginação. Mas, se for você, minha sobrinha, quero que saiba que todos nós estamos bem e com boa saúde."

— Lourival, vocês vão mesmo viajar nas férias de Amanda? — perguntou Benício.

Lenita percebeu que o tio queria que ela soubesse o que acontecia com a família.

— Sim — respondeu Lourival —, no mês que vem, termino de pagar nossa dívida. Vou pegar do décimo terceiro e do dinheiro que receberei das férias para viajarmos. Amanda quer tanto viajar! Vamos ficar uma semana. No ano que vem, faremos outra viagem de mais tempo e iremos mais longe.

— Marilene, você irá fazer mesmo o curso de manicure? — perguntou o tio.

— Começo na semana que vem. Estou contente porque poderei trabalhar em casa e tenho planos de ir às residências das freguesas. Será muito bom para mim!

— Amanda — continuou Benício —, você tem recebido notas boas. Com certeza irá passar de série sem recuperação.

— Vou, sim, tenho estudado bastante.

— Estamos todos bem, graças a Deus! — exclamou Benício.

Lenita alegrou-se com as notícias. Os pais se despediram e voltaram para casa, elas os acompanharam.

— Em dez minutos, a turma estará aqui em casa para fazermos o trabalho de ciências — comunicou Amanda aos pais.

Logo, seis jovens, meninos e meninas, entraram na sala. Uma garota olhou o quadro com a foto de Lenita e indagou:

— É sua irmã? Como era bonita!

— Sim, é Lenita, e ela não "era" bonita, "é" — respondeu Amanda.

Acomodaram-se em volta da mesa da sala de jantar. Alegres, falando sem parar, começaram a fazer a tarefa. Lenita abraçou Amanda, o pai, a mãe e pediu a Ester:

— *Podemos ir embora? Quero voltar ao centro espírita.*

Ester pegou na mão dela e, em instantes, estavam no salão onde aguardariam para retornar à colônia. Lenita despediu-se de Ester, agradeceu-a por tê-la acompanhado. Acomodou-se numa poltrona e orou agradecendo a oportunidade de rever pessoas que amava tanto.

Os visitantes foram chegando. Mariana, que acompanhava a filha, retornou tristonha. A filha reclamou:

— *Não gostei nada do que vi!* — queixou-se chorando. — *Meu genro está traindo minha filha, e minha neta não está procedendo bem. Os lares dos meus filhos estão desestruturados!*

— *Não chore!* — pediu Lenita.

— *Você deve ter encontrado seu lar em harmonia* — observou a senhora.

— *Sim, desta vez encontrei* — respondeu Lenita. — *Desta vez! Tudo muda! Encarnados ora estão bem, ora não. Tenho avós idosos. Será que ficarão enfermos? Eu os verei um dia com dores? Minha irmã é adolescente. Que problemas irá enfrentar? Será amada? Casará? Terá filhos? Com certeza, em alguma das visitas que farei no futuro os encontrarei com dificuldades. Meus pais estão* bem, mas sofreram tanto. Sofrerão de novo? Com certeza, cada vez que os visitar os encontrarei diferentes. Faça preces por eles, mande vibrações amorosas aos seus familiares. Tudo na vida passa, vão embora os momentos ruins, assim como os bons.

Mãe e filha se olharam. A senhora parou de chorar, concordou com a cabeça, calou-se e orou. A oração sempre nos dá forças, e as duas tranquilizaram-se.

Catarina retornou com um aluno. Ele estava triste e comentou:

— Meu pai está doente! Está com câncer no estômago. Ele está tranquilo, e mamãe, confiante. Vimos seus exames, que estavam na escrivaninha, e Catarina me falou que seu estado é grave. Chorei porque sei que não será fácil o tratamento. Preferiria sentir dores em seu lugar.

— *José Pedro* — Catarina falou tranquilamente —, *quando amamos, são muitas as vezes que desejamos sofrer no lugar do outro. Isto é impossível! Esteja bem para mandar aos seus pais vibrações de amor, deseje que sejam fortes e, se seu paizinho desencarnar, que você possa ajudá-los na mudança que fará.*

— *Você tem razão, vou fazer de tudo para aprender a ser útil. Vou estar sempre em pensamento com eles. Meus pais sentirão o meu amor!*

Catarina sorriu incentivando-o.

A outra aluna retornou contente.

— *Ganhei uma irmãzinha! É uma criança linda! Meus pais adotaram-na. Foi uma ajuda mútua! Papai e mamãe foram a um abrigo de crianças, conheceram Maria Paula e se encantaram com ela. A garotinha está com três anos. Ficou órfã de mãe, o pai é desconhecido, e a avó autorizou a adoção. Com a vinda dela ao nosso lar, meus pais, dando atenção à garotinha, tiveram a dor pela minha ausência suavizada, e Maria Paula ganhou um lar e pais maravilhosos, ela está muito feliz. Meus dois irmãos estão fazendo de tudo para agradá-la e estão contentes pela alegria voltar ao nosso lar. Até meus avós se alegraram. Tenho certeza agora de que, quando auxiliamos, tentamos fazer alguém feliz, estes atos retornam a nós, somos ajudados e ficamos alegres, ou a tristeza diminui.*

Ela se sentou e orou, estava realmente contente.

— *Tive muita vontade de ficar no meu lar, perto de meus filhos e de meu marido* — queixou-se uma senhora. — *Ainda estou com vontade de voltar. Sei bem o que pode ocorrer comigo se ficar sem permissão, mas gostava tanto da vida encarnada, embora estivesse sempre reclamando. A colônia é linda, estou bem, mas preferia estar encarnada.*

— *Devemos amar a vida!* — elucidou Catarina. — *Sempre e no plano que estejamos. Dar valor e tentar estar sempre bem para fazer aqueles que nos rodeiam felizes. Não devemos reclamar. Dificuldades fazem parte de nossa trajetória. Não cultive a reclamação. Você, quando encarnada, reclamava; desencarnou e continua. Pare, amiga! Você tem livre-arbítrio para retornar ao seu ex-lar terreno. Como viu na visita, ninguém a verá, escutará e, como sabe, logo se perturbaria e prejudicaria os familiares, isto se não fosse presa por desencarnados imprudentes e levada para o umbral. Conscientize-se deste fato, volte conosco e se dedique a fazer o bem. Lembro-a de que chegará um dia que, um por um, seus familiares também retornarão ao plano espiritual, e poderá ajudá-los e ficar com eles.*

— *Você tem razão. Vou me controlar e não reclamar mais. Obrigada!*

Todos chegaram. Catarina agradeceu aos trabalhadores do posto, acomodaram-se no aeróbus e retornaram à colônia.

Lenita foi para seu quarto e ficou pensando com carinho na visita.

"*Ainda bem que não tive vontade de ficar!*", pensou.

Deitou-se para descansar e adormeceu, estava contente.

14º capítulo

Reencarnação

Lenita lera um folheto informativo de um curso rápido sobre reencarnações. Seria no Departamento da Reencarnação com duração de três dias e oito horas diárias. Estava muito interessada neste assunto. Foi ao departamento para obter mais detalhes.

— *Este curso* — explicou a atendente — *está sendo realizado em quase todas as colônias do Brasil e em muitos postos de socorro. O orientador, um palestrante, professor de uma colônia de grande porte, organizou este estudo e vem nos brindar com seu conhecimento.*

— *Queria participar, interesso-me muito pelo assunto.*

— *O interesse realmente é de muitos. Temos vários inscritos.*

— *O que faço para me inscrever?* — perguntou Lenita.

— *Terá de pedir dispensa de suas tarefas. Tendo o tempo disponível, é só voltar aqui e fazer o pedido por escrito.*

— *Somente isto?*

— *Sim. O curso é de fácil entendimento* — respondeu a atendente.

Lenita fez isto no dia seguinte. Pediu tanto no trabalho do hospital como na biblioteca para ser dispensada. Com a permissão, voltou ao departamento para se inscrever. Escutou comentários de outros que estavam também interessados neste estudo.

— Quero fazer parte desta reunião — disse um senhor — com o objetivo de fixar em meu espírito esta verdade para que, quando reencarnado, minha alma consiga transmitir ao corpo carnal que realmente voltamos várias vezes ao plano físico.

— De fato é algo importante! Vou fazê-lo por gostar do assunto. Porém, quando reencarnar, quero ser uma pessoa boa. Fazer o bem. Isto será para mim o meu mais importante objetivo.

Lenita foi chamada e fez sua inscrição. Aguardou o início com expectativa.

No dia marcado, duzentos moradores da colônia chegaram no horário, acomodaram-se no salão maior. O orientador do departamento entrou e convidou todos a fazer uma oração e o fez em voz alta. Pediu ao Mestre Jesus que orientasse todos neste estudo para que pudesse ser proveitoso. Depois apresentou o orador.

— Osvaldo administrará o curso. Ele é professor de uma colônia de estudo. Atendendo ao pedido de espíritos superiores para que o tema "reencarnação" fosse mais abordado, preparou aulas, tem ido a vários locais do plano espiritual e também tem motivado palestrantes espíritas a falar sobre o assunto. Osvaldo, por favor!

Um senhor de agradável fisionomia levantou-se e subiu no tablado à frente para ser visto por todos os participantes.

— Bom dia! — cumprimentou sorrindo.

— Bom dia! — ouviu-se em coro.[7]

— Vou colocar na tela várias definições de "reencarnação". Por favor, leiam.

A tela atrás dele acendeu, Osvaldo afastou-se da frente, ficou ao lado e apareceram muitas definições, umas maiores e outras não tão extensas. Por minutos, permaneceram

---

7. N. A. E.: Vou narrar do curso as partes mais interessantes, não mencionando os intervalos nem dias.

calados lendo. Percebendo que todos terminaram, o orador leu algumas em voz alta.

— Na obra O Evangelho Segundo o Espiritismo, *de Allan Kardec, no capítulo quatro, "Ninguém pode ver o reino de Deus se não nascer de novo", item quatro, temos: "Reencarnação é a volta da alma ou espírito à vida corpórea, mas em outro corpo especialmente formado para ele e que nada tem de comum com o antigo".*

Esperou por uns trinta segundos que todos absorvessem a preciosa definição, então focou em outra.

— *"Reencarnação é a lei que determina que venha um espírito habitar sucessivamente vários corpos. Somente ela explica as diferenças materiais, intelectuais e morais entre os homens. Somente ela engrandece Deus e torna perfeita a Sua justiça." Texto do capítulo 75 do livro* Crônicas de um e de outro, *de Luciano dos Anjos e Hermínio C. Miranda.*

— *Outra definição bem-humorada é a de Cornério Pires. Está no capítulo quarto do livro* Antologia poética, *psicografado por Francisco Cândido Xavier e Waldo Vieira. Diz: "Reencarnação — benefício/ Que a outro não se compara/ É o modo que Deus nos deu/ Da gente mudar de cara".*

Vários ouvintes riram; após, Osvaldo continuou:

— *A última que vou ler é psicografia de Yvonne A. Pereira, está no capítulo cinco de* Memória de um suicida, *do autor espiritual Camilo Castelo Branco, orientado por Bezerra de Menezes. "Um espírito volta várias vezes a tomar novo corpo carnal sobre a Terra, nasce várias vezes a fim de tornar a conviver nas sociedades terrenas, como Homem, exatamente como este é levado a trocar de roupa muitas vezes."*

Apagou a tela, voltou à frente e elucidou:

— *Resumindo: enquanto ainda estivermos no rol das idas e vindas, nosso espírito estagia ora lá no plano físico, estando encarnado, ora aqui, no plano espiritual, estando desencarnado. Reencarnação é a nossa volta à vida corpórea num outro corpo que nada tem em comum com os outros que já vestimos. E já fizemos essa volta muitas vezes sucessivamente. Cada uma de nossas existências no corpo físico é uma página no livro de nossa biografia. São qualidades vividas que adquirimos que se manifestam como dons natos. São os talentos que Jesus disse na parábola.*[8] *Por isso é tão importante estudarmos nos dois planos, físico e espiritual, para ampliarmos as boas qualidades para que elas predominem. Nosso aprendizado no mundo espiritual é teórico; portanto, é no físico que testamos nossas emoções diante dos desafios. Por isso é tão importante, quando reencarnados, compreendermos que a vestimenta carnal não tem desejo nem vontade, ela tem funções e necessidades. Desejo e vontade são do nosso íntimo, do que somos realmente.*

Após uma breve pausa, Osvaldo continuou a elucidar.

— *Por gostarem das sensações físicas, muitos espíritos querem reencarnar. Outros o desejam para se livrar da dor do remorso, almejam o esquecimento. Alguns para testar o que aprenderam na teoria. Mas há aqueles que temem este retorno por vários motivos. Espíritos de muitos conhecimentos temem esquecê-los por um período. Tenho visto isto em muitos desencarnados que se denominam maldosos, trevosos, que estudaram e adquiriram conhecimentos. Infelizmente usam o que sabem para o mal. Muitos deles se apavoram diante da reencarnação.*

Um senhor da plateia levantou a mão e, com o consentimento do palestrante, perguntou:

— *Por que dizem que desencarnados que ainda cometem atos ruins são trevosos e aqueles que agem no bem são luminosos?*

— Trevas — respondeu Osvaldo — *são sinais de decadência e destruição. A luz de vida é atraente e equilibrada. Ao se ver um*

---

8. N. A. E.: Mateus, 25:14-30.

espírito que ama, vê-se a luz deste sentimento harmonioso e pode-se pensar estar vendo uma estrela luminosa.

— O senhor tem medo de reencarnar? — perguntou uma mulher.

— Não tenho medo, embora ainda esteja na roda da encarnação, devo demorar para retornar ao plano físico. Tenho ainda de finalizar a tarefa que me foi incumbida. Não tenho, pelas minhas vivências anteriores, nada para quitar, ou seja, não tenho de colher da má semente. Porém, tenho provas a vencer e muito o que aprender ou solidificar os conhecimentos adquiridos.

— Tem receio do esquecimento? — a senhora o interrompeu com outra pergunta.

— Não tenho medo do esquecimento, temo as sensações físicas. Sei que posso falhar, porém sou esperançoso. E conhecimentos adquiridos pelo estudo e solidificados pelo trabalho pertencem à pessoa. Podem estes, por períodos, ficar no esquecimento, porém, como vemos acontecer, surgem no encarnado como dons, facilidades de aprendizado. Quando reencarnar, desejarei aprender outras coisas, outras atividades, para ampliar meus conhecimentos.

— E se não conseguir? — insistiu a senhora.

— Faz parte da nossa evolução, tentar. Aquele que está sempre tentando um dia consegue. Tenho consciência de que tenho capacidade, que posso fazer, mas, se não fizer, serei devedor e, se fizer, não terei feito mais do que a minha obrigação. Exemplifico: ser bom pai é obrigação. Ser mau pai é falhar em sua função, o que torna o indivíduo um devedor.

— Tenho adquirido conhecimentos e estou sendo útil aqui na colônia, porém não consegui, na minha última encarnação, me livrar totalmente de meus vícios. Temo a reencarnação! — exclamou um jovem deveras preocupado.

— Com certeza — elucidou Osvaldo — *você está consciente das responsabilidades de retornar ao plano físico. Fortaleça-se aqui*

na teoria para melhor provar na prática quando encarnado. Substitua o medo pela esperança. Tente!

— Será que posso planejar minha volta ao mundo físico com detalhes? — quis uma moça saber.

— Não. Podemos fazer alguns planos somente. Como nascer numa determinada família, ter genitores amigos ou inimigos, passar para o feto em formação predisposição para ter determinadas doenças. Podem muitos planos ser feitos, como: estudar para ter esta ou aquela profissão, ser médium e trabalhar fazendo o bem, ser educador etc. Planos são planos, por isso podem ser ou não realizados. Se nossas existências fossem determinadas, mesmo se fosse por nós, não estaríamos anulando o livre-arbítrio de nosso futuro? São inúmeras as vezes que mudamos de opinião, gostos e sentimentos. Podemos traçar um roteiro, mas não será fatalmente seguido.

— Será que posso planejar ser rico ou ser pobre? — perguntou um senhor.

— Poderá pedir. Porém, que garantia se tem, ao encarnar, se será ou não? Conheço um senhor que pediu para nascer numa família de grandes posses financeiras. Isto ocorreu, porém ele estava com treze anos quando seu pai faliu e se suicidou, ele ficou pobre e órfão. Também sei de um amigo que reencarnou numa família pobre porque quis aprender a lutar trabalhando para vencer a inércia. Conseguiu e, como o trabalho honesto dá frutos, ele está bem financeiramente. Isto ocorre muito: espírito com conhecimento, trabalhador, quando encarnado, não é miserável, terá pelo menos o mínimo para seu sustento e de sua família. Conheço também um espírito que, aqui no plano espiritual, estudou muito e, interessadíssimo nos aparelhos de que dispomos, passou anos a estudá-los e trabalhou neste campo planejando encarnar nesta área para facilitar a vida no plano físico. Conseguiu. Seu trabalho persistente não somente teve êxito como lhe deu grande fortuna.

Embora desfrutando da facilidade que o dinheiro lhe proporciona, é desprendido, faz grandes caridades. Sente-se bem mesmo por ter realizado o que planejou. Assim, se alguém planejar ser pobre, pode nascer no meio de dificuldades, às vezes desencarnar sem ter sido administrador de bens materiais e, se teve uma existência digna, não se revoltou, trabalhou e não invejou aqueles que possuem bens, venceu a prova escolhida, é vitorioso, passou de etapa. Mas, se é trabalhador, as dificuldades quase sempre são menores. Escolher família rica para reencarnar não é garantia. Fortunas mudam de mãos.

— Pelo que vi aqui — observou um senhor —, *as reencarnações com a proteção do departamento são em menor quantidade quando comparadas com os nascimentos no plano físico. Por que esta diferença? A porcentagem das reencarnações com o planejamento é pequena. Como explica este fato?*

— Temos — respondeu Osvaldo — *um trabalho muito interessante nestes ministérios, nos departamentos das reencarnações. Os pedidos feitos nestes setores são de moradores das colônias e de postos de socorro. São moradores quando participam das atividades do local. Estas rogativas também são feitas pelos socorridos. Encarregados deste setor estudam visando sempre ao melhor para eles. Lembro-os de que nada é imposto ou determinado, são somente projetos.*

Osvaldo ligou novamente a tela.

— *Vemos aqui um homem. Este espírito, quando desencarnado, pediu para voltar ao plano físico e planejou uma coisa somente: quando criança, ter uma doença, bronquite asmática. Isto porque, na sua anterior encarnação, foi uma pessoa boa, porém fumou muito, prejudicando sua saúde. Desencarnou antes do previsto por uma enfermidade causada pelo tabaco. Teve o merecimento de ser socorrido, porém não ficou no posto de socorro porque quis ter a sensação de fumar e voltou para perto dos encarnados vampirizando fumantes.*

Vagando, foi aprisionado por moradores do umbral e levado como escravo. Sofreu muito. Chamou por socorro e, quando foi possível, uma caravana de socorristas o resgatou. Compreendeu que sofreu por imprudência. Primeiro, por não se esforçar para vencer o vício; depois, por não ter acatado conselhos, recomendações e ter saído sem permissão de um local de socorro. Temendo reencarnar e voltar a fumar, pediu para ter bronquite. Isto ocorreu, e ele, ao nascer, passou para o corpo físico a enfermidade que planejara. Adulto, ele não fuma, não se embriaga, sarou. Sentiu não precisar mais da doença para se sentir seguro.

Todos estavam atentos às explicações de Osvaldo, que continuou:

— Um morador da colônia, trabalhador incansável, veio pedir para reencarnar e, adulto, receber por filho um espírito; foi atendido. Este espírito fora seu filho anteriormente e, por imprudência, suicidou-se. Este seu ente amado tinha conhecimentos religiosos, porém, ao saber que a esposa o traía e que ela e o amante, que era seu amigo, o roubavam, desesperou-se e se matou. Ele se perturbou muito e não perdoou a esposa nem o ex-amigo. Arrependeu-se depois de anos de sofrimento, foi socorrido, porém não conseguiu se equilibrar. Ele renasceu com deficiências, mas foi beneficiado pela herança genética de seus pais. Aqui está, com dez anos, é um menino alegre. O esquecimento foi, para ele, uma grande bênção, e o amor e a atenção que recebe o estão levando ao equilíbrio.

— O que acontecerá com ele quando desencarnar? — perguntou uma senhora.

— Será socorrido como acontece com todos aqueles que tiveram deficiência intelectual. No plano espiritual, se recuperará, e, como normalmente acontece, não generalizando, seu perispírito se tornará sadio.

Osvaldo, depois de um intervalo, continuou elucidando.

— Aqui está um espírito que tem como tarefa um trabalho importante junto aos encarnados. Sua reencarnação foi planejada. A família escolhida, estruturada, religiosa e que poderá lhe dar um bom estudo. É sadio e, com certeza, terá, nesta encarnação, boa saúde. Amigos o protegem. Com certeza fará o que planejou. Este outro pediu mãos firmes, quer ser um cirurgião competente. Recebeu mãos ágeis e nervos sadios.

— Pode-se escolher ficar junto de outro? Planejar um casamento? — indagou uma moça.

— Sim, duas pessoas podem fazer planos nesse sentido, porém, muitas vezes, não dá certo. Com este casal que aqui vemos, deu certo: eles se amam e quiseram reencarnar na mesma cidade com a esperança de se conhecer e casar, e estão juntos há anos. Estes outros dois espíritos planejaram estudar determinado curso para se encontrar. Porém, ele se envolveu com outra pessoa, ela engravidou, casaram-se, e ele foi trabalhar, desistiu de estudar. É bom pai, gosta da esposa, porém senta falta de alguém e não sabe explicar este sentimento. Ela tem a sensação de que encontrará alguém especial, chega a ficar ansiosa com a espera. Assim, estão separados. Temos conhecimento de muitos fatos assim. Estes dois planejaram reencarnar e casar. Ele anteriormente, embora a amasse, foi mau marido; ela o perdoou e resolveu lhe dar outra chance. O plano era nascerem na mesma cidade, uma localidade pequena, numa mesma data. Porém, ela foi abortada, os pais escolhidos não queriam mais filhos. Ela entendeu, perdoou o casal e reencarnou dois anos depois em outra cidade. Não se encontraram. Atualmente, ambos estão casados, têm filhos, estão bem, mas separados. A maioria dos atendidos no departamento pede para ter por pais afetos ou desafetos, sofrer determinadas doenças, exercer uma profissão específica. O resto são planos que podem acontecer ou não.

Osvaldo fez uma pausa para, logo em seguida, continuar com suas explicações.

— Reencarnar e desencarnar fazem parte de nossa existência. É natural. Sendo assim, podemos retornar tanto ao plano físico como ao espiritual sem assistência e planejamento. Vamos ver outras formas de voltar ao corpo carnal.

Na tela apareceram imagens e ele foi explicando:

— Alguns desencarnados moradores do umbral sentem necessidade de reencarnar ou o querem. Desejam sentir sensações carnais que lhes dão prazer. Procuram mulheres afins para ser suas mães, que vibram igual a eles. Tudo fazem para elas quererem a maternidade. Se conseguem, tudo bem para eles: ficam perto da futura genitora e são atraídos para o feto. Se elas, as futuras mãezinhas, não querem engravidar, normalmente tentam fazê-las esquecer de se prevenir. Com o óvulo fecundado, é atraído para ele. Alguns não se importam com o sexo, outros querem ser meninos, outros preferem ser meninas. Aqui vemos este espírito que, ao saber que o feto era feminino, não o quis, e a mãe sofreu um aborto. A maioria não se importa se for do sexo contrário ao que sente ser. Este espírito que vemos, querendo reencarnar, escolheu uma pessoa que poderia lhe gerar, mas a mulher, não querendo filhos, abortou. O desencarnado enfureceu-se e a obsediou com ódio por um tempo; depois, desejando voltar ao plano físico, procurou outra mãe.

Aproveitando que Osvaldo fizera uma pausa, uma jovem perguntou:

— Por isso é que vemos tantos encarnados maus, crianças sem sentimentos que fazem maldades e adolescentes assassinos?

— Não podemos generalizar! Muitos dos que citou estão nestes casos. Infelizmente, temos notícia de muitas imprudências cometidas por pessoas com pouca idade e que não sentem culpa. Porém, cada caso é analisado com justiça. Normalmente, espíritos assim, que, encarnados, fazem maldades, desencarnam e se juntam *com outros afins e continuam a viver imprudentemente, ou seja, obsediando encarnados ou como moradores do umbral. Isto até que, por um descuido, em algumas situações, sejam atraídos para um feto deficiente para ter uma reencarnação com muitas limitações numa tentativa de se harmonizar pela dor. Ou, para eles, chegou o tempo da colheita, porque todos nós temos períodos de plantar e de colher. Porém, numa reencarnação com deficiências, as causas podem ser muitas e cada um tem a sua em particular. Estamos vendo agora na tela um encarnado, ele é chefe de uma facção criminosa. Este homem, que atualmente está no plano físico, não se embriaga, não fuma e nunca experimentou tóxico, isto para ele é somente uma forma de ganhar dinheiro. Sente nojo de viciados, julga-os fracos. Ele foi, desencarnado, chefe de uma cidade umbralina, é inteligente; com certeza, ao retornar ao plano espiritual, irá se enturmar com amigos no umbral.*

Osvaldo fez mais um intervalo para após continuar elucidando.

— *Vimos a reencarnação de espíritos que quiseram. Também veremos que se pode ser atraídos. Na tela, estão dois encarnados adultos, são gêmeos. O pai deles era alcoólatra, e os dois, quando desencarnados, o vampirizavam. Eram os três afins, trabalhadores, amavam, do modo deles, a família. Digo "do modo deles" porque, se sentissem amor verdadeiro, não se embriagariam levando a família a se preocupar e entristecer. Quem ama quer, acima de tudo, o bem dos seres amados. A mãe deles engravidou e os dois foram atraídos para os fetos. Reencarnaram, o genitor continuou a se embriagar e logo depois desencarnou, com muito sofrimento, por uma enfermidade causada pelo álcool. Os dois, para ajudar a mãe no sustento da casa, trabalhavam desde meninos. Adultos, tornaram-se alcoólatras.*

— *Se eles, quando desencarnados, tivessem sido orientados, encarnados se embriagariam?* — perguntou um senhor.

— Somente podemos afirmar que vencemos, libertamo-nos de um vício, se tivermos oportunidade de voltar a ele e o resistirmos. No caso desses dois, poderem se embriagar e não fazê-lo. Normalmente, vícios como tóxicos, álcool, e podemos incluir o tabaco, são vistos como fuga, e de si mesmo. Se estes dois tivessem compreendido no plano espiritual, por meio de um socorro ou auxílio, a necessidade de melhorar, teriam de provar a si mesmos que não voltariam a se embriagar. Preparados na teoria, seria menos difícil provar na prática, mas a luta seria somente deles.

— Desencarnado, sofri porque não perdoei meu pai — contou um senhor. — Não o desculpei por dois motivos: primeiro, ele não me pediu perdão; segundo, porque ele foi um carrasco para os filhos e para minha mãe. Quando compreendi que ele era infeliz, perdoei-o e pude ser socorrido. Com certeza, meu genitor não se preparou para reencarnar.

— Não posso opinar sem conhecer os envolvidos. Aproveito sua história de vida para dizer: quando não estamos satisfeitos conosco, tudo e todos se tornam insuportáveis; se não nos toleramos, torna-se impossível tolerarmos o próximo. Aquele que tem consciência pesada normalmente culpa os outros. Infelizmente, muitos, sentindo-se infelizes, infelicitam os que estão perto. Talvez seja o caso de seu pai. Isto, porém, não o isenta de culpa. Porque se não estava satisfeito com ele, com a vida que levava, deveria tentar melhorar e nunca fazer sofrer aqueles que dependiam dele. Pode-se, por muitas ocasiões de dificuldades, sentir-se triste e até sofrer por atos externos. Porém, espíritos com a consciência leve se mantêm tranquilos e conseguem ser sempre felizes, seja nos momentos de alegria como nos de dificuldades.

Osvaldo continuou a elucidar após um descanso.

— Vejamos esta moça. Desencarnada, era companheira de bebida do seu futuro pai. Disse "companheira" porque eram afins: ele se embriagava, e ela o vampirizava, porém com o consentimento *dele. A esposa ficou grávida e ela foi atraída para o feto. A mãe sempre fumou muito. Reencarnada, tinha preferência pelo pai, embora a mãe, amando-a, fez e faz de tudo para ela estar bem. Aos doze anos, passou a fumar e, dois anos depois, se viciou nas drogas. Ela, espírito vicioso, embriagava-se na sua encarnação anterior; desencarnada, vampirizava para sentir a sensação do álcool; reencarnou e se envolveu com tóxico. Um espírito assim somente se libertará do vício quando se conscientizar de que age errado e quiser se libertar. Penso que, como se recusou aprender pelo amor, a dor tentará ensiná-la. Já este jovem* — na tela apareceu um jovem sorridente — *tem vinte anos e é deficiente intelectual por danificar seu físico em sua outra vivência com o vício do álcool. Nesta encarnação não tem como se embriagar, irá passar anos sem tomar bebidas alcoólicas. Venceu o vício? Para saber, ele terá de provar a si mesmo. Na sua próxima reencarnação, terá com certeza o físico sadio e terá a oportunidade de se embriagar. Caberá a ele recusar; se não o fizer, certamente voltará ao vício e terá sido vencido por ele. Veremos agora casos mais comoventes. Esta moça está com vinte e seis anos, escondeu a gravidez porque a repeliu desde o começo; não queria ter o filho. Tentou abortar com chás, fez tudo o que lhe ensinaram, não recorreu a locais que fazem abortos clandestinos porque não tinha dinheiro. Teve a criança em sua casa, olhou-a e sentiu repulsa, pegou-a e a jogou no lixo. O neném foi encontrado, levado ao hospital, sobreviveu e foi adotado. Ela ainda não sentiu remorso, realmente não gostava dele, odiava-o. Infelizmente, isto acontece. Umas mães abortam, outras matam, jogam em lixos, simplesmente não os querem. Por favor, não generalizem. São muitas as causas para que isto ocorra. Nem todos os abortos são por este motivo que irei narrar. Muitos abortos, a mãe, os pais tentam justificar, mas são raros os desculpáveis. Outras mães não conseguem gostar dos filhos, planejam se livrar deles, dão para adoção; também existem muitos motivos para doarem, e é preferível* doá-los do que matar, deixar no lixo etc. Outras mulheres esforçam-se para amar a criança, principalmente se a família se envolve. Vamos ver os motivos desta mulher que vimos colocar o filho no lixo. Os dois, mãe e filho, têm uma longa história de desavenças, os dois se odeiam. Ela reencarnou, e ele a ficou obsediando; a moça engravidou, e ele foi atraído para o feto. Mesmo sem planejamento, a natureza tenta fazer com que se reconciliem. Por que não amar um filho? Como não amar uma mãe?

Osvaldo suspirou, todos estavam atentos. O assunto era deveras interessante.

— Estou entendendo — falou uma senhora — o porquê de filhos matarem pais ou avós e de pais matarem filhos. Foram inimigos e não conseguiram se amar?

— Isto pode acontecer — respondeu Osvaldo —, porém não é regra geral. São muitos os fatos e acontecimentos que podem causar estas tragédias. Há assassinatos até entre espíritos amigos. Se não nos fortalecermos no bem, sermos firmes na nossa melhora, podemos, num rompante, cometer atos impensados.

— Tinha um vizinho que estuprou a filha de doze anos; ele disse que via nela uma amante. Horrorizamo-nos! Ela terá sido amante dele? — a senhora voltou a indagar.

— Somos atraídos para afins. Como é bom reencarnar perto de afetos que conquistamos, famílias que ajudamos a construir com respeito e amor. Pode-se ser atraído para desafetos na esperança de fazê-los afetos. Infelizmente, muitas vezes não só a desavença continua como, em vários casos, piora. Penso que isto ocorreu com seu vizinho. Pai e filha devem ter sido, em outras existências, amantes, e, talvez, por causa desta paixão nada saudável, cometeram erros. Ele reencarnou, e ela, desencarnada, ficou perto dele e reencarnou na primeira oportunidade. Ou pode ter ocorrido de ela ter compreendido a necessidade de melhorar, ter pedido para voltar perto dele para aprender a amá-lo como pai. Mas a paixão *o venceu. Sei de fatos de pai e filha serem amantes, e ambos não respeitarem o vínculo do parentesco carnal. Também tenho conhecimento de mãe ser amante de filho. E alguns não tinham vínculos de outras vidas. Infelizmente não conseguiram amar, sucumbiram pela paixão.*

— Ou pelo ódio! — exclamou a senhora.

— São muitos os que conseguem se reconciliar, se amar! — exclamou Osvaldo. *— Muitos, pela reencarnação, tornam-se afetos pelos laços corporais. Às vezes, somente um consegue e o outro, infelizmente, não. Mas, se um aprendeu a amar, este venceu; o outro terá novas oportunidades, mas pode ser que não venham juntos mais. Porque, quando amamos o que já odiamos, desvinculamo-nos do desafeto. Pode ser que aquele que aprendeu a amar queira ajudar o outro e insista em reencarnar junto. É o fazer o bem a quem nos quer mal.*

— Quero reencarnar e ser feliz. O que faço para isto? — perguntou um senhor.

— Penso que todos nós queremos ser felizes. A felicidade depende somente de nós. Da nossa maneira de ser e agir. Atos externos poderão nos entristecer, ser motivo de dor, e também nos alegramos com situações agradáveis, com momentos que nos fazem sorrir. A felicidade é estar bem com nós mesmos. Aconselho a quem quer ser feliz fazer os outros felizes. Porque quem quer ser feliz individualmente, sem o próximo ou até contra, com certeza não alcançará a felicidade.

— É o "dando que se recebe"? — indagou o moço.

— Sim! — afirmou Osvaldo.

— Quando encarnada — contou uma senhora —, *desde pequena, sentia medo de meu pai. Não tinha explicação porque ele era uma pessoa boa, honesta, educada e muito bom pai para mim e para meus irmãos. Na adolescência, estava sempre em alerta, pensava que ele iria me fazer algo de ruim. Mas ele nunca fez; foi*

somente aos quarenta anos que, ao ouvir falar de reencarnação, aceitei isso como verdade, deduzi que sentia medo de meu pai porque com certeza ele já teria me feito alguma maldade. Este receio terminou, e retribuí seu carinho. Qual foi minha surpresa quando desencarnei e vim a saber que fora eu quem lhe fizera uma maldade; julgando-o por mim, pelos meus atos do passado, temia que ele revidasse. Meu pai é um grande exemplo. Recebeu uma maldade minha, perdoou, recebeu-me por filha e tentou me educar. Sou muito grata a este espírito.

— Podemos — um senhor quis saber —, encarnados, sentir medo de determinadas pessoas, locais ou situações? Estes medos são traumas?

— Não devemos generalizar — respondeu Osvaldo. — Muitos medos, traumas, têm explicações naquela encarnação mesmo. Pode, sim, o encarnado ter traumas de acontecimentos de outras existências. Às vezes, nem é da anterior, mas de bem antes. Tenho conhecimento de um espírito que, há quatro encarnações passadas, foi uma pessoa imprudente e acabou assassinada com uma faca. Ela não gosta de facas, receia este objeto. Outra tem pavor de altura; isto porque, quando pequena, o irmão maior brincou com ela fingindo jogá-la de um barranco. Outro tinha também medo de altura, mas era porque anteriormente se suicidara jogando-se de um morro e caindo de uma altura considerável nas pedras. Para medos e traumas sempre temos explicações. Tudo o que nos marca de uma maneira intensa podemos sentir, seja por sensações agradáveis ou com medos em outras existências. Porém, somente podemos afirmar que foi algo que nos aconteceu anteriormente se não tivermos explicações no período encarnado.

— Eu — contou um senhor —, num período de minha vida encarnada, senti muito medo de fogo. Conversando com amigos, fui convidado a ir a um centro espírita. Gostei e me tornei espírita. Meu medo era porque um desencarnado que mudara de *plano por um acidente, a casa em que estava pegara fogo, estava ao meu lado. Ele não sabia que seu corpo físico morrera e, por eu me parecer fisicamente com um irmão dele, ficou ao meu lado. Ele foi orientado, socorrido, e meu medo acabou.*

— Isto ocorre — esclareceu o coordenador do curso. — *Pode um encarnado receber influência de um desencarnado. Neste caso, ele lhe passou medo do trauma de sua desencarnação. Não chegou a ser obsessão, mas poderia acontecer se você não tivesse recebido auxílio.*

— Tenho uma tia — falou uma senhora — *que tinha pavor ao pensar que poderia ser enterrada viva. Fez os filhos prometerem que seria muito bem examinada para que se certificassem de que realmente estava morta para enterrá-la. Isto ocorreu. Ela me contou aqui, está nesta colônia, que anteriormente, há duas existências, suicidara-se por motivos fúteis e que ficou, seu espírito, no corpo morto por dias para depois ser desligada. Foi um sofrimento muito grande; ela se sentia viva, pois o espírito não morrera, e que fora enterrada, ficou junto ao corpo morto. Teve este medo nas encarnações seguintes.*

— Tudo o que nos acontece — explicou Osvaldo —, *que ultrapassa de modo excessivo os acontecimentos corriqueiros, os considerados normais, pode nos deixar marcas, e aqueles que nos foram mais traumáticos, como grandes sofrimentos, medo, sentimentos como paixões não resolvidas, ódio, podem afetar os próximos períodos encarnados.*

— Meu primo — contou uma moça — *tinha medo, pavor de ficar no meio de muita gente. Ríamos dele. O temor era tanto que até chorava. Ele fez regressão, num tratamento com um profissional, e recordou que na sua anterior encarnação morrera pisoteado num local onde estavam muitas pessoas. Depois deste tratamento, ele evitava ir onde tinham aglomerações, mas controlava seu medo.*

Eu, quando encarnada, não acreditava; desencarnada, vim a saber que era verdade, que de fato ele desencarnou anteriormente pisoteado.

— São muitas as histórias, os acontecimentos, em que podemos concluir que já vivemos certos fatos, passamos por esta ou aquela experiência, que amamos ou odiamos alguém — elucidou Osvaldo.

Alguns dos presentes comentaram suas últimas encarnações. Lenita ficou calada prestando atenção nos depoimentos. Finalizando, Osvaldo convidou:

— Se alguém aqui presente quiser fazer parte da equipe do Departamento da Reencarnação, trabalhar conosco, continue no salão após o término. Para trabalhar aqui tem de ter pelo menos cinco anos de moradia em colônias, ter feito cursos de reconhecimento do plano espiritual e gostar do assunto. As tarefas são diversas e, em algumas áreas, tem de se estudar para ajudar aqueles que necessitam recordar do passado, preparar outros para a reencarnação, ajudar o espírito a se unir ao feto, orientar a quem vem em busca de conselhos e auxílio.

Osvaldo, após, fez uma linda oração de agradecimento e deu por encerrado o curso. As pessoas foram saindo conversando. Lenita viu que ficaram vinte pessoas e se agruparam na fileira da frente. Escutou a conversa de dois homens.

— *Vinte se candidatam ao trabalho, penso que nem todos serão aceitos.*

— *Por quê?* — perguntou o outro senhor.

— *É um trabalho nada fácil. Requer muito estudo, atenção e dedicação. Muitos começam e desistem, mas os que ficam gostam muito. Pensei que você fosse querer ficar.*

— *Vim para aprender mais sobre o assunto. Gosto demais de trabalhar nas enfermarias. Depois não gosto muito de estudar.*

Saíram de perto de Lenita ainda conversando; ela, porém, não os escutou mais e ficou observando a tudo e a todos. Pensou:

"Que bom seria se todos os encarnados soubessem da reencarnação! Quando retornar ao plano físico, quero recordar algumas coisas que estou aprendendo aqui, e uma delas é a reencarnação".

Voltou aos seus afazeres.

15º capítulo

O caminho das estrelas

Lenita continuou com suas tarefas enquanto aguardava o início do curso que faria. O estudo sobre reencarnação lhe fez muito bem, assim como faz a todos que procuram entender esta lei justa e sábia. Continuou a ler e participava ativamente do coral. Seus planos continuavam cada vez mais concretos: conhecer o plano espiritual, aprender a fazer diversas atividades, estudar numa colônia de estudo, trabalhar num hospital de encarnados junto à equipe médica e, no futuro mais distante, reencarnar, estudar Medicina e ser médica.

Foi no coral que fez muitas amizades, entre essas, Rodrigo e Talita. Os jovens tornaram-se grandes amigos.

Conversando, descobriram que os três tinham algo em comum: haviam sido auxiliados pelos livros de Patrícia, principalmente o *Violetas na janela*.

— Por meio desta leitura — contou Rodrigo —, *meus familiares me deixaram remorrer. Assim que mudei de plano, eles se desesperaram, eu os sentia e não conseguia sair do quarto do hospital. Foi um alívio quando compreenderam que eu não acabara, que continuava vivo morando no plano espiritual. Passaram a pensar em mim feliz, e eu, graças a Deus, fiquei como eles queriam.*

— Comigo — falou Talita — *aconteceu isto também. Foi difícil a separação. Era um choreiro só! Minha mãe queria morrer para tomar conta de mim. Preocupei-me! Temia que ela se suicidasse. Fomos socorridos pelas obras da Patrícia! Meus pais foram ao centro espírita, porque meu avô paterno, já desencarnado, era espírita. Meu pai se lembrou de coisas que seu genitor lhe falava. Mamãe relutou em ir, mas foi. No centro espírita, foram bem recebidos; uma pessoa, trabalhadora da casa, os consolou e lhes emprestou o livro* Violetas na janela. *Papai leu a noite toda. Falou no outro dia com entusiasmo para mamãe do livro. Meu pai resolveu ler para ela. No começo, minha mãe escutou para não chateá-lo, depois se interessou. Os dois passaram a agir como os pais de Patrícia. Voltaram ao centro espírita, fizeram perguntas, leram o livro umas cinco vezes, compraram os outros três. Mas o importante é que o desespero passou, e ficaram com vontade de continuar me ajudando. Desejaram ardentemente que estivesse bem. Assim, pude voltar a estudar, a ser útil e a cantar no coral. Descobri que tenho uma voz bonita.*

— No hospital — contou Lenita — *prometi que iria agradecer a Patrícia. Não sei se é possível. Entendo agora que não se deve prometer nada e que não tenho de cumprir. Mas a vontade de agradecê-la continua.*

— Escutando-a — opinou Rodrigo —, *penso que também deveria lhe dizer "obrigado". Ela fez um enorme bem à minha família e a mim. Foram nove meses depois que eu desencarnara, mamãe sentiu-se mal e foi para o hospital, onde ficou internada por três dias. Sua companheira de quarto estava lendo o livro que nos socorreu e comentou com minha mãe, deixando-a curiosa. Ela pediu para meu irmão comprar, e ele levou a obra ao hospital. Minha mãezinha leu. Toda a família leu. Foi muito bom! Li também os quatro numa semana e já os reli.*

— Será que não podemos pedir para ter esse encontro? — perguntou Talita. — *Talvez seja possível encontrar com a Patrícia e agradecê-la.*

Resolveram falar com a responsável pelo coral.

— *Silvana* — disse Rodrigo —, *nós três fomos auxiliados pelo livro* Violetas na janela. *Gostaríamos de agradecer à autora. Sabemos que ela está no momento numa colônia de estudo. É possível irmos lá para vê-la?*

— *Sim* — respondeu Silvana —, *isso é possível. Já fui muitas vezes a esta colônia. É linda! Por cinco vezes levei alunos da escola lá. Vocês podem pedir para visitá-la. Façam o pedido por escrito à direção da escola e enfoquem o motivo. Com autorização, agendo dia e hora. Levo-os. As colônias de estudo não têm dispositivos de defesa. Ela é somente encontrada se o visitante sintoniza-se com o lugar. Quando vou, penso nela e sou atraída para lá. Todas as visitas são agendadas. Compreendo vocês, também fui beneficiada por esta obra literária. Desencarnei, tive o merecimento de ser socorrida e vir para cá. Tenho somente uma filha, era separada do meu marido. Minha menina estava para completar dezessete anos quando mudei de plano. Minha mãe cuidou dela. As duas sofreram. Ambas adoeceram de tristeza, não queriam continuar vivendo. Estava inquieta, preocupada, não conseguia serenar. Uma amiga, moradora daqui, tentou me ajudar. Foi para perto de minha filhinha, afastou seu perispírito do corpo físico adormecido, falou serenamente, porém com firmeza, para ler o livro* Violetas na janela *e mostrou-lhe a capa. Repetiu muitas vezes. Colocou-a de volta no corpo e a fez acordar. Ela se lembrou do sonho, porém se confundiu, pensou que sonhara comigo. Minha amiga continuou, no outro dia, perto dela, fazendo-a recordar-se do encontro, do sonho, e a motivou a ir a uma livraria. Minha filha foi, olhou as estantes, estava indecisa; incentivada pela minha amiga desencarnada, perguntou à vendedora e ficou pasma quando a moça lhe mostrou o livro. Quando ela pegou, lembrou da capa, era igual à que sonhara. Lágrimas de emoção inundaram o rosto. Comprou o livro e ali mesmo o folheou. Assim que foi possível, foi para casa e o leu. Foi uma bênção, minhas queridas mudaram de atitude, consolaram-se, retornaram às suas atividades. Minha garota voltou a estudar; minha mãezinha, ao trabalho voluntário. Voltamos a viver. E eu me tranquilizei. Sentimos saudades, mas esta não machuca mais. Já agradeci a Patrícia.*

Os três ficaram atentos ao relato de Silvana.

— Estes livros auxiliam mesmo! Penso que têm ajudado mais os desencarnados — opinou Rodrigo.

Logo que foi possível, esperançosos, fizeram o pedido e aguardaram. Dias depois, Silvana, após o ensaio do coral, comunicou aos jovens que fora permitida a visita e marcou dia e hora. Os três se emocionaram.

— Será que Patrícia é conhecida como Patrícia do Violetas na janela? — perguntou Lenita. — *Se eu fosse identificada, seria conhecia como a Moça da Janela. Encarnada, sempre gostei de ficar olhando por elas. Doente, sem poder sair de casa, ficava muito na sala, de onde avistava a rua. Até nos hospitais, quando possível, ia às janelas e ficava observando o que estava ao lado de fora.*

— Eu — riu Rodrigo —, *com certeza, seria o Menino ou o Garoto dos Carrinhos. Explico: colecionava, quando menino, carros de brinquedo. Tinha muitos. Fiquei doente aos treze anos. Foram quatro anos adoentado: períodos acamado, em hospitais, e muitos sem poder sair de casa. Distraía-me com os carrinhos, limpava-os, colocava-os em fileiras, às vezes por cor, outras por marcas. Quando desencarnei, minha família sofreu muito, mais minha mãezinha. Após ler as obras de Patrícia, mamãe doou todos os meus pertences, ficou somente com minha coleção; ela passou a limpar meus carrinhos e a mandá-los para mim. Concentrava-se em um e, com carinho, me mandava. Imaginava-me recebendo-o e o colocando na estante do quarto que deveria estar ocupando. Recebia os carrinhos e, como ela queria, colocava-os na estante. Mandou todos, depois retornou ao primeiro. Atualmente, não faz mais isto, manda somente beijos.*

— Sou então a Moça da Rosa na Roseira! — exclamou Talita. — *Foi também após a leitura do livro que meus pais resol-*

veram me mandar uma flor. Temos, no nosso jardim, agora o jardim de minha casa terrena, na que tive a felicidade de morar, muitas roseiras que normalmente dão flores o ano todo. Meus pais não as colhem. Escolhem sempre um botão bonito e pensam que o estão me mandando para enfeitar minha vida. Vêm à minha mente estas ofertas carinhosas, são mimos de amor. Gosto tanto desse carinho! Sinto-me amada, protegida e os amo muito!

O dia esperado chegou, reuniram-se no Pátio da Volitação, e Silvana explicou:

— *Vamos volitando devagar até o portão leste. Depois que atravessarmos daremos as mãos e eu os conduzirei à colônia que visitaremos.*

Ao passarem pela porta leste, viram cinco desencarnados que xingavam os vigilantes e jogavam pedras no portão. Entenderam, pelo que diziam, que queriam resgatar um desafeto que ali estava abrigado.

— *Não se assustem* — aconselhou Silvana —, *isto está sempre ocorrendo. Muitos imprudentes tentam entrar na colônia, outros querem alguém que sabem estar aqui, às vezes ficam por horas, acabam cansando e vão embora. Vamos dar as mãos e volitar.*

Os desencarnados os viram e iam jogar pedras neles. Os quatro fizeram uma roda, deram as mãos e volitaram rápido. Viram a colônia do alto, Lenita já tinha visto antes e se encantava todas as vezes. É uma visão agradável. A colônia é linda! Com mãos dadas, continuaram volitando, e a Colônia Aprendiz do Amor tornou-se somente um pontinho luminoso, uma estrelinha.

— *Estamos chegando* — anunciou Silvana.

Viram um foco de luminosidade que foi aumentando com a aproximação.

A colônia não tem muro. Simplesmente começa.

— *Talvez por isso que o céu seja desenhado como nuvens!* — exclamou Rodrigo.

— *Pode ser* — explicou Silvana — *que um encarnado tenha tido esta visão ou, quando desencarnado, conhecesse bem uma colônia como esta, e o cérebro físico, por desconhecê-la, tenha feito esta comparação. A colônia está no espaço como uma nuvem.*

Desceram. Ainda por momentos continuaram de mãos dadas, o grupo estava emocionado. Era muita beleza![9]

— *Podemos afirmar* — falou Rodrigo — *que encarnados fazem suas cidades tentando copiar as colônias. Será que poderão algum dia fazer uma cidade parecida com esta colônia que estamos vendo?*

— *Penso que não* — respondeu Silvana. — *Quando nós, terráqueos, melhorarmos, e o planeta passar a ser de regeneração, poderemos ver cidades mais parecidas com as colônias, como a da Aprendiz do Amor, lindas e com tudo funcionando bem. Esta que vemos é cópia de mundos mais adiantados. Vamos, garotos, caminhamos por aqui.*

Os três caminharam observando tudo.

— *Aqui* — mostrou Silvana — *temos somente prédios, todos são escolas, cada um é para uma área. Neste que entramos, temos uma sala onde se recebem visitas.*

— *Ninguém tem seu espaço?* — Rodrigo quis saber.

---

9. N. A. E.: Infelizmente, não consigo descrevê-la para a médium porque embora ela, a médium, já tenha visto colônias assim no período que esteve desencarnada e a tenha levado encarnada quando seu corpo físico estava adormecido para visitar uma, seu cérebro físico, desconhecendo os formatos, não consegue fazer comparação. Ela somente se emocionou ao escrever. Todas as colônias são lindas! As como Aprendiz do Amor, Nosso Lar e muitas outras espalhadas pelo Brasil e pelo mundo são mais fáceis de descrever porque se assemelham com as cidades do plano físico, sendo porém mais iluminadas, limpas, organizadas e bem planejadas. Colônias de estudos são mais diferenciadas, não é fácil descrevê-las aos encarnados.

— *Não* — respondeu Silvana —, *aqui ninguém dorme, nutrem-se somente da energia solar, da luz. Alguns têm somente um armário para pertences pessoais, mas estes são raros. Professores e alunos usam, para preparar aulas e para os estudos, as salas de aula ou os salões. Não há espaços privativos.*

— *Que preparo de vida! Tudo é cuidado e usado por todos!* — exclamou Talita.

Entraram na sala de visita. Local simples e muito bonito.

— *Aqui* — explicou Silvana —, *a vibração, a energia, é pura; por isso nos emocionamos e ficamos alegres, achando tudo belíssimo.*

— *A harmonia faz isto, não é? Torna tudo belo?* — perguntou Rodrigo.

— *Isto acontece* — afirmou Silvana.

A porta se abriu e entrou uma moça.

Os quatro se levantaram, e os três garotos abriram a boca, ficaram parados, olhando-a.

Patrícia entrou na sala. Trajava, como sempre, tênis azul-escuro, calça comprida larga azul-clara e camiseta amarela-clara; tinha os cabelos soltos, abaixo dos ombros, cacheados e louros, um sorriso encantador e os olhos muito azuis.

— *Oi!* — cumprimentou.

Somente Silvana respondeu, porque os garotos, emocionadíssimos, não conseguiam falar. Patrícia sorriu e abraçou primeiro a coordenadora do coral que trouxera os jovens, que já conhecia, e depois os garotos.

— *Oi! Sou Rodrigo!* — exclamou esforçando-se para não gaguejar.

As meninas se apresentaram.

— *Viemos agradecê-la!* — exclamou Rodrigo.

— *Sim. Posso saber por quê?* — perguntou Patrícia.

— *Nós...* — os três falaram juntos e riram.

— *Pudemos remorrer pelos seus livros* — contou Rodrigo.

Os três contaram o que lhes acontecera e como foram ajudados pela leitura das obras dela. A autora escutou atenta e sorriu.

— *Podemos lhe fazer umas perguntas?* — indagou Rodrigo.

— *Sim, com certeza, responderei* — Patrícia, além de gentil, é muito delicada.

— *Você é conhecida como Patrícia do* Violetas na janela? — Lenita quis saber.

— *Sou, sim* — respondeu a autora desta esclarecedora obra.

— *Não se importa?* — Lenita realmente queria saber.

— *Não. A identificação é produto de nossa atividade. Esta pode ser muito boa, razoável ou ruim. Se algo nos favorece, identificamo-nos com ele ou somos identificados. Nomes, apelidos ou identificação referente a nós certamente existiu; há algo para ter esta designação. Esta infelizmente pode ter caráter ofensivo, mas, se for infundada, não fará diferença. E, se for algo que nos faz bem ou a outros, nos alegra.*

— *Você poderia nos falar um pouco de suas obras? Como foram feitas?* — pediu Talita.

— *Minha mudança de plano* — contou Patrícia — *foi exatamente como descrevi nos livros. Antônio Carlos, companheiro de trabalho de minha tia Vera, me levava para ditar cartas a meus pais, para lhes dar notícias. Isto foi feito por três anos. Neste tempo, minha tia continuou com seu trabalho escrevendo livros. Foi então que Antônio Carlos me levou à Colônia Casa do Escritor, numa reunião onde recebi a tarefa de escrever os quatro livros. Meu amigo justificou: "Menina Patrícia, você treinou três anos para este trabalho". "Eu?! Como treinei?", perguntei. "Você não ditou cartas? Pois bem, isto foi um treino. Queria muito alguém que, quando encarnada, tivesse sido espírita, estudiosa e ter seguido os ensinamentos de Jesus para narrar sua desencarnação. Isto para incentivar*

*os encarnados a agirem assim. Vejo a desencarnação como uma grande viagem em que na nossa bagagem estarão somente nossas obras. Se fizermos porém, esta viagem, com planejamento, sabendo o que iremos encontrar, tudo se torna mais fácil. Quando estava encarnado, uma vez fiz uma viagem a um país longínquo. Organizei-me, levei somente o que ia usar lá, certifiquei-me do idioma que eles falavam, seus costumes, a temperatura, a culinária e os lugares a que iria. Deu certo. Quando fazemos a mudança de plano tendo os conhecimentos básicos, tudo se torna mais fácil. E, se retornarmos ao plano espiritual e tivermos o merecimento de um socorro, de encontrar parentes e amigos, a viagem se torna muito agradável."
"Será que serei capaz de escrever algo útil?", preocupei-me. "Será!", afirmaram os três trabalhadores da Casa do Escritor. Preparei-me, estudei, dediquei-me à nova tarefa, recebi ajuda de Antônio Carlos e de meus pais, que liam o rascunho de nossos escritos, de tia Vera e meus, e davam opiniões, às vezes pediam para escrever mais sobre um determinado assunto. Estes livros foram escritos antes por mim três vezes e ditados e reeditados muitas vezes, pelo menos cinco vezes cada capítulo. Tentei realmente fazer o melhor que consegui. Prontos, dei por encerrada minha tarefa.*

— *Você não escreveu mais?* — perguntou Talita.

— *Não. Recebi uma tarefa e a realizei. Não tenho dom literário para escrever histórias alheias ou imaginá-las. Ditei à tia Vera algo que ocorreu comigo. Definitivamente, parei de ditar a encarnados. Tinha planejado estudar e lecionar. Acalentei meus sonhos com carinhos e ansiava realizá-los. Foi o que fiz. Com os quatro prontos, vim para esta colônia como estudante e me tornei uma professora. Amo o que faço. Esforçar-se, fazer de tudo para realizar sonhos e conseguir é muito prazeroso. Sou grata por isto. Se nosso trabalho dá frutos, é incentivo para que dê cada vez mais.*

— *Você não vai mais ao plano físico?* — Lenita quis saber.

— *Raramente* — respondeu Patrícia. — *Quando vou, é somente para visitar meus pais, irmãos e sobrinhos. Nas dificuldades deles, normalmente fico mais tempo, então deixo em meu lugar um amigo para me substituir nas aulas. Vou ao plano físico somente para visitá-los. Não ditei mais nada aos encarnados e não tenho planos de voltar a fazê-lo.*

— *Podemos saber quais são seus planos?* — perguntou Rodrigo.

— *Pretendo continuar trabalhando nesta colônia de estudos* — afirmou a autora.

— *Voltará a reencarnar?* — indagou Talita.

— *Certamente, terei de retornar a vestir um corpo carnal. Mas não por agora. Pretendo lecionar por muitos anos.*

— *Foi muita alegria conhecê-la. Muito obrigada!* — Lenita se emocionou.

— *De nada!* — respondeu Patrícia sorrindo. — *Agora tenho de ir. Tchau!*

Abraçou os garotos carinhosamente e saiu da sala.

— *Como é linda! É harmonizada! Equilibrada!* — Rodrigo se entusiasmou.

— *Respondeu nosso "obrigada" com um sorriso e, educadamente, disse: de nada!* — exclamou Talita.

— *Devemos* — explicou Silvana — *receber sempre os agradecimentos. Se fizermos algo de bom a alguém, devemos continuar ajudando, ensinando-o a ser grato. Aquele que é grato está aprendendo a amar. Quando nossos agradecimentos são sinceros, criamos em nós uma energia bonita, salutar, que beneficia primeiro a nós; depois doamos a quem nos beneficiou. Ela, respondendo "de nada", aceita esta energia benéfica. Todos se beneficiam! Quando dizemos "Deus lhe pague", é desejar o retorno do bem que recebemos. O bem produz o bem! E, ao responder "que Deus nos ajude", "que Deus nos abençoe", algo assim, aceitamos a bênção e a repartimos com o beneficiado. Patrícia não somente aceitou a gratidão de vocês como dividiu este carinho como bênçãos a todos que estavam nesta sala.*

— *Por isso estamos nos sentindo tão bem!* — Talita se emocionou.

— *Nosso tempo terminou. Vamos embora!* — determinou Silvana.

Saíram do prédio, deram as mãos, novamente formaram um círculo.

— *Por favor, Silvana, podemos volitar devagar para vermos a colônia do alto?* — pediu Lenita.

Assim fizeram.

— *A colônia parece uma estrela!* — exclamou Talita.

"*A estrela*", pensou Lenita, "*que minha mãe sempre dizia era algo tão bonito e distante. Neste momento, sinto-me amparada por Deus, porque aquela estrela que mamãe idealizou, tão linda, está tão perto. Para poder me aproximar da estrela, desta colônia maravilhosa, terei de transformar pensamento e atitudes espirituais numa nova maneira de viver. Vim conduzida, mas logo acharei o caminho sozinha, o caminho das estrelas.*"

Retornaram felizes à Colônia Aprendiz do Amor.

FIM

PALCO DAS ENCARNAÇÕES

DO ESPÍRITO ANTÔNIO CARLOS

PSICOGRAFIA DE
VERA LÚCIA MARINZECK DE CARVALHO

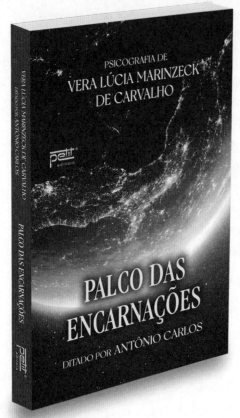

Romance | 15,5 x 22,5 cm
160 páginas

"Esta é uma envolvente história do Brasil colonial. Augusto, personagem principal, nos conta sua vivência em duas encarnações: das diferenças de encarnar como branco, filho de dono de engenho e senhor de escravos, e posteriormente vir encarnar como negro, escravo no mesmo engenho. Você irá se emocionar com suas tentativas de auxiliar seus antigos pais no caminho do bem, a frustração e a busca de novas alternativas. A luta num tempo em que a lei do mais forte era a que vigorava. Veja como Augusto consegue continuar firme em seus propósitos, buscando o progresso espiritual, seu e de seus entes queridos. Esta leitura surpreendente nos leva a meditar que realmente a Terra é como um palco: das reencarnações."

boanova@boanova.net
www.boanova.net | 17 3531.4444

O céu pode esperar

PSICOGRAFIA DE
Vera Lúcia Marinzeck de Carvalho
DO ESPÍRITO **Antônio Carlos**

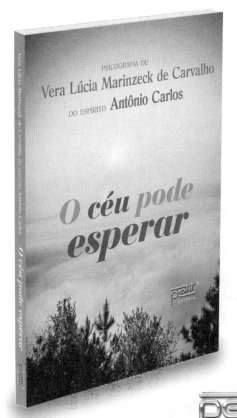

Romance | 15,5 x 22,5 cm
176 páginas

Depois da morte de Alexandre, o filho a quem amava tanto, Pedro perdeu a vontade de viver. Mônica, sua esposa, apaixonou-se por outro homem. Sua filha, aos dezessete anos, está grávida. Arrasado, Pedro quer acabar com a vida, mas, tempos atrás, prometeu ao filho que não cometeria o suicídio. Agora, determinado a morrer, resolve ajudar aqueles que estão em perigo, na esperança de encontrar a própria morte sem quebrar seu juramento... Com seu estilo inconfundível, agradável e envolvente, o Espírito Antônio Carlos revela a surpreendente história de Pedro, seus momentos de dúvida, seus acertos e desacertos. Episódios temperados com bom humor e repletos de ensinamentos espirituais revelam que o céu pode esperar por aqueles que fazem na Terra, praticando o amor, a abnegação e a fraternidade.

petit editora

boanova@boanova.net
www.boanova.net | 17 3531.4444

Levamos o livro espírita cada vez mais longe!

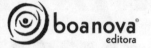

📍 Av. Porto Ferreira, 1031 | Parque Iracema
CEP 15809-020 | Catanduva-SP

🌐 www.petit.com.br
www.boanova.net

✉ petit@petit.com.br
boanova@boanova.net

📞 17 3531.4444

💬 17 99777.7413

Siga-nos em nossas redes sociais.

@boanovaed   boanovaeditora

CURTA, COMENTE, COMPARTILHE E SALVE.
utilize #boanovaeditora

Acesse nossa loja   Fale pelo whatsapp